not only passion

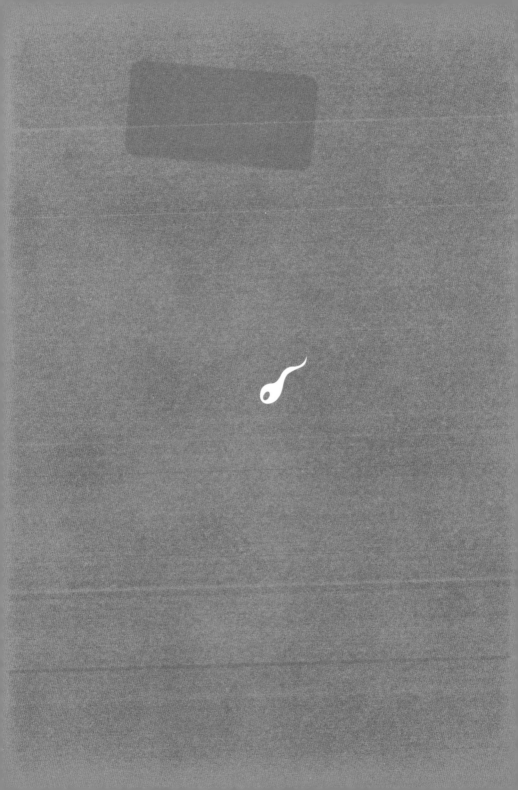

not only passion

性愛力

放鳥過來 **2**

The Power of Sex

鳥來伯 著

dala sex 023

放鳥過來2：性愛力
The Power of Sex

大辣

作者：鳥來伯

總編輯：黃健和

責任編輯：呂靜芬、郭上嘉

企宣：洪雅雯

美術設計：楊啓巽工作室

法律顧問：全理法律事務所董安丹律師

出版：大辣出版股份有限公司

　　　台北市105南京東路四段25號11F

　　　www.dalapub.com

　　　Tel：（02）2718-2698　Fax：（02）2514-8670

　　　service@dalapub.com

發行：大塊文化出版股份有限公司

　　　台北市105南京東路四段25號11F

　　　www.locuspublishing.com

　　　Tel：（02）8712-3898　Fax：（02）8712-3897

　　　讀者服務專線：0800-006689

　　　郵撥帳號：18955675

　　　戶名：大塊文化出版股份有限公司

　　　locus@locuspublishing.com

台灣地區總經銷：大和書報圖書股份有限公司

　　　地址：242新北市新莊區五工五路2號

　　　Tel：（02）8990-2588　Fax：（02）2990-1658

製版：瑞豐實業股份有限公司

初版一刷：2008年9月

初版六刷：2013年3月

定價：新台幣 220 元

Printed in Taiwan
ISBN：978-986-6634-05-5

卦

愛

氏

性愛力：
以今日之我戰勝昨日之我

■ ■ ■ ■ ■ ■

　　距離上一本《放鳥過來！性愛女寫手的嗆辣記事》，莫名其妙地過了兩年，懶散成性的鳥來伯，竟發現了許多好玩的事情。

　　鳥來伯陸續接到許多認識與不認識朋友的訊息，有些是幾百年沒聯絡，有些是「先生小姐，您們是誰啊？」的路人甲，有些是至親好友……他們很有默契地，在問候一堆五四三之後，殊途同歸，開始支支吾吾地說起自己的性愛困境：

　　「妳知道嗎……我生小孩之後……就沒有性生活了……」

「女友為何不再跟我去HOTEL了？我做錯了什麼？」

「分手前再跟女友做最後一次，會不會比較HIGH？」

「天啊！我剛剛發現男友在打手槍，我該怎麼辦？」

「為什麼約會的時候，她總是不讓我更進一步呢？」

「為什麼他老愛射在我臉上？卻又射不準，他是故意的嗎？」

這些問題紛至沓來，我⋯⋯我該說什麼呢？我、我只是一個平凡人⋯⋯。我們要不要去「咕狗」比較快呢？有時候在MSN上出現友人傳來火辣禁忌的問題，例如「剛剛被叫去主管辦公室，坐起來後，發現椅子有一道水漬耶⋯⋯」再怎樣看過大場面的鳥來伯也會臉紅心跳啊，這⋯⋯我跟妳很熟嗎？我又能回答妳什麼呢？

鳥來伯不是性愛專家，但這些問題，嗯～～人家也很想知道嘛～～只好不恥地轉問其他人。久而久之，鳥來伯儼然變成了性愛病友的治療橋樑，A先生的性枯竭問題透過鳥來伯轉問B小姐而找到答案，C熟女的性氾濫症頭則是從南投的D先生的解答獲得舒緩，這簡直是電台賣藥CALL IN嘛！彼此不認識的「病友」們，在鳥來伯這「性愛三七仔」與「性愛糾察隊」的連結下，以一種很魔幻的方式同舟共濟，大有一種「我不認識你，但是我謝謝你」的匿名善心捐款之同感。

在「應援」的過程中，鳥來伯屢屢很感動。這些問題一籮

筐的男女，對於「性」的態度與方式雖然不同，卻都充滿鬥志與力道，他們提出的困擾並不是「來亂的」，而是主動真心地想找解藥。

鳥來伯發現，有時候，女人難喬，是因為心頭無時無刻百轉千迴，總有說不出的難處，但是女人拚起來就拚了，反撲的力道強得嚇人！而想當好情人的男人也不輕鬆，要面對女人的肖症頭，還要有勇氣想找出讓對方心頭服貼、念念不忘的逆襲大法。受到這種鬥魂精神的感召，鳥來伯說什麼也要盡棉薄之力，大聲喊出：「愛愛的路上我挺你！」經過「當事人」的信任與同意後，以拙劣的文筆發表，希望在繪聲繪影的情節中，替男人解套，也為女人發聲。

回首向來，這不僅是多情男女的身體發展血淚史，也是鳥來伯的。身為性愛寫手，生活絕對不如外界以為的銷魂香辣、夜夜笙歌，真正的情形是，我們其實宅得很，嗚……。故事聽得多寫得多，並不代表「做」得也這麼豐富多彩，寫偵探小說的大師卜洛克，也不是天天殺人的呀！

相反的是，聽「飽」了諸多性愛案例，反而不容易心癢難耐，去想些有的沒的；比較慘的是，有時性生活枯竭或正在失戀，聽到性愛美滿多汁的男女們分享神勇香艷的故事，那真是很複雜矛盾的心情。但是，鳥來伯還是秉持著「越痛苦越輕快」的原則，含悲寫出爆笑文字，而內心卻常被自己筆

下的人物情節活生生地挑弄起，難過得無法平衡，簡直要唱出〈爽到你艱苦到我〉了，要不要這麼入戲啊我？

還好，鳥來伯生性白爛又健忘，這種鬼上身的情緒來去很快，就當它是「淫愛亂於前而色不改」的職業訓練吧。大概是因為自己曾經「看不開」，所以鳥來伯總希望能夠「重重提起，輕輕放下」，不管情節多麼喜怒哀樂，都希望大家讀完，心中是開心愉悅的。性愛，想想沒啥大不了的，但鳥掉了卻又不行，不妨一笑置之吧。

也感謝讀者，是你們豐富了鳥來伯，是你們讓我知道，人人都是凡人，攻頂前常常是趴在地上被流彈擊中很多次，當我們分享彼此的勝敗，再回想自己的阿呆往事，真的就能溫暖安慰許多。所以現在，我們要用這種「性愛力」去激發其他人：沒有這些愛的大暴走，沒有旁觀他人性愛的苦與樂，哪能知己知彼，以今日之我戰勝昨日之我呢？

當愛情、權勢、財富來來去去，唯有身體是自己的，唯有性愛是永不退流行的運動！現在，就翻開這本書，以性能力挑戰愛神話，與普天下性男性女們，一同呼喚打不死的「性愛大力神」吧！

contents | 目錄

性
愛
力

Part I
女人的反撲

女人說NO的苦衷

女人拒絕男人展開親密關係的理由，往往是一些芝麻綠豆大的無聊顧忌，擔心自己「金玉其外，敗絮其中」被發現……

■ ■ ■ ■ ■ ■

某天，鳥來伯在網路逛上到一個賣「隱形水泡貼」的玩意，那個廣告詞很厲害地切中女人心，一看就想：「這店家真猛，要是女人看到，鐵會買！」果然，那個產品已經蟬連許多週的「人氣冠軍」。廣告詞的大意是：「今天有重要約會，腳有破皮怎麼穿鞋？」之類的。女人還真的會因為「腳上有疤」這種小事情，破壞了約會甚至親密的興致喔。

女人拒絕男人展開親密關係的理由，往往是一些芝麻綠豆大的無聊顧忌，擔心自己「金玉其外，敗絮其中」被發現，這大概是男人無法理解的吧，這些問題雖然過幾天就可以解決，但好死不死男人就當下求歡，女人也難以啟齒。

許多女人都是有名的「雙面膠達人」，也就是說，出門前常得使用雙面膠黏貼衣服，可能是車線掉了或裙擺不順或是變形走樣或是胸口過翻，但又非常喜歡那件衣服，為了穿出場好看，就會用雙面膠把衣服「修正」一下。表面上看起來很美，但裡面根本慘不忍睹，尤其是穿性感的禮服之前，怕走光啦等等的，可是花很多時間調整的。

　　而偏偏男人看到打扮起來很妖嬌美艷的女友，就想溫存求歡，想把華服扯掉，手伸進去摸摸。這一摸，就會搞得女人提心吊膽，擔心萬一被扒光丟上床時，坑坑巴巴地黏著雙面膠的爛衣服會原形畢露，所以即使PARTY過後，好想被吻遍摸遍全身，還是會忍痛拒絕男人的邀約。

　　內衣問題，是女人拒絕纏綿原因的第一名，不可思議吧！有些常使用胸貼的女人，非常害怕胸貼被男人「唰」地撕下來，因為貼太久的乳頭不但會因為擠壓而變形（短時間內可不會恢復），有時乳暈邊緣還會有像被鬼打到般的紅腫，跟剛哺乳完的產婦有啥兩樣？有辱奶威，不行！

　　比較常見的，也曾發生在鳥來伯自己身上，就是出門慌慌張張地抓了胸罩就穿了，第一直覺是配外衣而不是配內褲，不成套就算了，上下顏色還可能嗆出對比色，例如上紅下綠、上黑下白之類的，你說，這叫女人怎敢輕易寬衣解帶？更不用說肉色棉質、耐穿耐洗但脫掉會倒陽的阿嬤款內衫褲

了。貼身衣物可是「一決勝負」的關鍵啊！若是穿整形魔術胸罩，脫掉就會倫敦鐵橋跨下來的女人，根本也別寄望她會接受你的臨時寵幸！

還有很多難言之隱，水人無水命，美女感到頭痛的問題才多哩。例如，某段時間頭皮屑突然變多了，就特別擔心做愛時會如空中飄雪，或是背上或前胸不小心長滿痘痘，怕脫下衣服一身痘疤嚇跑男人。鳥來伯認識一位美女，習慣清晨洗澡，然後光鮮亮麗出門，有一天早上眼看就要遲到了，只好沒洗澡就先趕去上班，誰知當晚就被型男求歡，帶著隔夜污垢的她根本不敢讓對方靠近，只能忍痛拒絕。

女人對於氣味都很重視，不但會挑剔對方的味道，也會對自己發出來的體味特別敏感。有些女人，花前月下與男人聊很久了，氣氛對了，男人想來吻一下，但女人偏偏在這時突然移開臉，因為她認為自己話太講久沒喝水，口乾舌燥，擔心嘴巴臭；還有長途坐車，睡覺起來，女人也不會想「香一個」，原因一樣。看，女人不是挑剔男人喔，而是對自己的「口氣」沒自信。

還有，如果女人發現當天自己放的屁很惡臭，那天約會也會很警覺地避開兩人在封閉空間獨處；至於生理期後，更不用說了，對自己下體發出的「腥味」感到歹勢的程度，男人根本無法想像，所以男人要「上」，得翻日曆挑時間！

有的女人一忙起來，會長達半年忘記挖耳屎（誇張嗎？我跟你說，真的有！），遇到男友突然親親親親到耳朵，正要探舌進去摳摳時，她就反射性地移開臉，生怕滿溢出的耳屎沾上男友舌尖。鳥來伯就曾經因為耳洞發炎，怕男友舔到會流血鹹鹹，所以謝絕「越過臉頰的吻」。

有的女人正在治療香港腳，腳趾間又脫皮，根本不敢脫鞋，怕男人看到會倒吸一口氣，尤其只要想到黴菌腳趾被男人含在嘴裡的畫面，自己都會起雞皮疙瘩；或是新買的高跟鞋刮腳，腳拇趾必須用OK蹦纏得跟木乃伊一樣，左思右想，還是放棄過夜好了。

男人大概對體毛沒啥感覺，但很多女人會很CARE，腋毛腿毛沒刮，便覺得自己像隻母猩猩，一刻都不得被碰呢！有個不小心把陰毛剪壞的女生，短時間內都不敢穿裙子，說「怕風一吹，裙一開，裡面蕾絲內褲映襯的陰毛不好看」，你說，她是不是想太多？當然她也更不敢做愛，連續兩個禮拜乖乖閉關在家等毛囊萌芽，怕男人在車上突然興致一來，翻開裙子將手伸進褲襠，被毛刺到就算了，那詭異的陰部毛叢被看到才會見笑死！

這種說出來自己羞到想上吊的事多著咧，所以呢，男人遇到女人用不明理由拒絕求歡時，千萬不要氣餒，不要一下子把氣氛搞砸，因為那並非男人的錯，根本就是女人有不

得已的苦衷。當然啦，她可能真的不想跟你怎樣，但不表示你沒機會，也說不定當你跟女人說：「沒關係，我會等妳準備好！」女人想想後，反而三步併成兩步撲倒你，來個玉石俱焚，那你也有賺到。所以，別逼女人，給她時間跟空間醞釀，你先回家看A片解渴，時候到了，她會傾全力餵飽你的！

當然除了這些鳥態，女人還有一堆神鬼才瞭的神祕心理因素，也是抗拒親密的原因，但這比較常發生在感情基礎尚未深厚的男女，剛認識彼此身體時，才會有這種緊張與顧忌。交往久了，床笫間是沒啥禮義廉恥的！

而女人鬆懈外在形象之後，雖然面對求歡比較放得開，但常常就會變得像歐巴桑黃臉婆，覺得「要花這麼多力氣才能做愛，何必呢！」男人有時候也會欲哭無淚，鬼嚷著：「靠，被騙了！」

於是，男人又開始懷念起原本女友約會前用「水泡貼」遮醜的侷促不安──那種因愛而打扮、誠惶誠恐、千軍萬馬卻又柔柔拒絕的態度，才是反覆燒烤男人，蟬連「人氣冠軍」的原因吧！

愛愛的「時間觀念」

女人在乎性愛時間的程度，要看經驗的多寡與愛情的濃度。

■　■　■　■　■　■

　　該不該在乎時間長短？唉，這個問題好敏感喔。說「不會」未免太假，說「會」又怕給男人太大壓力。基本上，只要陰道有知覺的女人，都會介意；就像有視覺的男人，都會在乎女人的波臀腰腹曲線一樣。女人在乎性愛時間的程度，要看經驗的多寡與愛情的濃度。

　　記得昨日當鳥來伯年輕時，二十出頭初解雲雨，對方也是前無古人，兩人東摸西蹭耗幾次失敗後，終於攻城掠地了，但大砲一入城門就爆炸了。一次、兩次、三次都這樣，鳥來伯當時天真無邪也無學，真的認為：「這就是做愛！就是進去抽抽抖抖出來！」然後還浪漫地覺得：「做愛好省時啊……」、「我變成真正的女人了！我破處了！」、「原來這就叫高潮啦！」現在回想起來，才知道這都是童話！

當時，對性愛的享受或愉悅只懂一點皮毛，充其量只是「性器結合」罷了，除了用誠意與天真做「短短的愛」之外，還真是小狗變不出新把戲，當然更不會有時間上的要求。

後來，陸陸續續遇到了其他情人，有些男人經驗豐富，真的讓人大開眼界。幾次搞下來，風裡來火裡去，差點沒去半條命，也不是對方厲害，而是跟以前的「蠅量級」戀愛比起來，這時候交往的男人多半有了幾年性經驗與性伴侶，從軟腳蝦也逐漸變成了狠角色，年紀約莫是前中年時期（25-35歲），是信奉「愛越久，久越猛」的性愛教徒，這些男人湊在一起總在研究怎樣讓女人爽，怎樣三分鐘搞定女人──可能現在閱讀這篇文章的你／妳也感同身受。

這些男人最會把持射精時間，也是許多中年女人回頭，想找小郎狗時鎖定的黃金年齡。女人跟少年郎做愛後才發現，當年「破少年遜少女」的初嘗性事，還真是輕薄短小，「現在這種才叫做愛啦！」肉搏血腥地混戰，天搖地動地尬，至死方休地奮戰到底，都是這一時期的男人會努力滋補女人的。

女人增廣見聞後，口味越吃越重鹹，開始會挑剔對手的表現。不挑剔還好，一挑剔時間長短，就正宗嚴苛，不但「抽送時間」要求有規模，「前戲時間」也要有看頭。

有些女人不介意真正的抽送時間，卻非常介意前戲。男人那種沒有特殊原因，隨便親親摸摸抱抱，敷衍了事就想滑進來的情況，女人最是光火，「啥？連前戲都省，是趕著去投胎嗎？」就算之後攻勢猛烈，搞到女人腿痠，同樣會被貶為「時間太短」；除非女人也趕時間去做其他事，不然哪容得下男人這樣草草了事？零分！

不過，有個「做得苦中苦，方為人上人」的熟女阿姐，曾遇過前戲時間就占了總時間五分之四的男人，那次做愛後讓她感到青春凋零得特別快，於是往後與男人初次做愛時，就很明白表示：「直接來，比較不浪費時間！」反正前戲技巧可長可短，那以後再說，現在先正式來一次！

她的男人不能用前戲蒙混時間，每一分一秒都得尬在刀口上，非得紮紮實實地幹，所以強弱立現：「啥？掐頭去尾只有15分鐘？來騙無知少女的啊！」或是「好了好了，可以下來了，我們交往吧！」時間，在青春的威脅下，就是這麼的現實！沒有人可以亂揮霍的！

也不是說經驗豐富的女人就格外在乎男人的表現，相反的，因為識人有術，更可以分辨出男人今天的時間長短，是真的遜掉？還是另有隱情？

例如，許多女人明白男人一過四十，雖然弟弟沒有兵敗如

山倒，但體力確實節節敗退，不要說什麼時間長短，就連勃起速度也有差了。「以前男人一碰到我的身體就硬了，但現在直到我脫掉衣服，都還垂頭喪氣……」正式上場時，不能持久甚至無法射精就萎下去的，都大有人在。

沒耐性的女人會想：「這樣是要怎麼玩下去呢？」然後找個理由把男人甩了。但經驗豐富的女人，則會自動降低門檻，把生理撫慰轉移到心理撫慰，追求一種更深層次的交歡。面對「慢起」的老男人，她反而能老馬識途展現更成熟的性愛互動，甚至主動替男人口交手淫，或歡喜地引導男人用其他方式讓她高潮。做愛時間不是這種識大體女人的標準，做愛的品質與交流，才是讓她吮指回味的！

除了「經驗」之外，大多數的女人，只要有愛就OK，多多少少都可以漠視男人在床上的時間，也很會幫男人找藉口：「哎喲，他就是看到我很興奮，所以這麼快就射呀！」、「他一定是平常都沒自慰，所以跟我做愛這麼容易爽。」、「可憐的寶貝，白天工作太累，都沒體力了！」諸如此類的，有愛的女人沒有時間觀念，總是窩心又心疼對方得要命。

有些女生意外地偷吃後，才發現自己的快槍俠男友有多麼遜，「原來做愛可以做到兩個多小時這麼HIGH耶！」所以，沒多久就把一起長大但是性技巧卻沒有跟著長大的初戀

男友甩了，「我可不想到老了還得當健康教育老師教他怎樣延遲射精！」

　　有的女人一直自責「男人剛進來就如冰淇淋般軟掉」是她的問題，後來男友劈腿甩掉她後，她陸續交往過不同的男人，才知道自己根本正常得很，遇到的男人都硬如冰棒，於是超慶幸「七秒郎前男友」離開她。

　　一般人太常以性愛時間來論強弱，但性愛時間永遠不是絕對的，而是相對的，也就是說，性愛品質如果優起來，「時間」就會退到下一層次去。如果男人抽送力道拿捏得不好，床上只顧自己樂，不知道女友哪一種姿勢會HIGH，也不去觀察女友的呻吟、表情、動作所傳達的訊息，那麼，時間越長對女人來說，只是無期徒刑罷了，還不如「快、狠、準」地讓女人感激涕零！

　　與其念茲在茲性愛時間長短，不如多多鍛鍊性愛技巧，就像女人用力保養身材臉蛋一樣，這是出於「重視對方」而付出的心意！說真的，女人也不是愛比愛計較，但是男人做得太難看也不行，表現太差的，真的會被淘汰，沒誠意嘛！畢竟男人射精後就沒搞頭了，女人可能連坡都還沒爬，就要哀怨地穿上衣服了，情何以堪？男人至少也要用其他步數取悅一下女人嘛！

下一次，男人問鳥來伯，在不在乎男人在床上的時間長短時，請捫心自問，男人，你在不在乎女人的身材臉蛋好壞？然後，聰明的男人會發現，答案你早就知道哩！

冬日的愛愛經

喜歡冬天的其中一個原因，就是萬物俱寂，愛愛唯大！與情人親熱時，最刺激的就是石破天驚的「一摸」與「一進」。

■　■　■　■　■　■

不知道你喜歡冬天否？鳥來伯很喜歡冬天，冬天是萬物歡愛的好時節。

鳥來伯一到了冬天就會出現疏鬆問題（是筋骨，該緊的地方依舊滴水不漏……），全身像抽了鴉片的廢柴一樣，不顧一切地只想窩在床上，誰都別想要人家出去見客。這裡面摻雜了又愛又恨的複雜情緒：恨外面讓人牙齒會抽痛的冷鋒，愛屋裡要死不活的頹廢氣息。尤其有時連著下幾天雨，冒著該死的霪雨去上班，人還沒到公司在半路就陣亡了。你們自己說，這種時刻是不是個出門受罪、在家受精的好時節呢？

也不知為何，冬天都會讓人提早老化。人雖然未到中老年，但是在溫暖的室內看電視總是不小心睡著，醒來發現臉上還掛著眼鏡，摸頭楞腦地也不知為何走進廚房，卻又忘記剛剛要幹啥了。喔，先關掉電視吧，勉強烤片土司泡杯咖啡出來吃，一轉眼，眼皮又落幕了，睏呆加上困惑，只好再滾回床上攤屍；一整個冬天週末就日出而混，日落而睡，活脫脫乾物女。但是，我看開了，因為只有冬天能這樣不顧一切地犯懶犯賤，所以鳥來伯喜歡冬天。

　　喜歡冬天的其中一個原因，就是萬物俱寂，愛愛唯大！與情人親熱時，最刺激的就是石破天驚的「一摸」與「一進」。許多「冷底」的女人，常被男人抱怨手太冷，尤其熊熊把小手伸進男人衣服裡去碰觸肌膚時，那「一摸」就像在鐵板燒上放冰塊，「滋～」地慘烈一聲，太弱的鳥可能就跟著「咻～」地瞬間‧變‧小‧了……。別懷疑，這是常有的，冬天的小弟弟總是很難輕易長大，大概是與靈敏度降低有關，通常都要多傾注點耐心，才能把鳥兒喚醒。

　　冬天時，男人的「一進」也很過癮。當在冷空氣裡太久才進入的「冰鳥」遇上女人濕熱的火山洞，簡直如冷凍熱狗下油鍋，「滋～」的一聲，又是另一次的驚聲尖叫。建議男人入洞前，最好稍微撫摸一下冰凍的小弟弟，讓它暖暖身再進入熱騰騰的女陰；君不見，現在的電動按摩棒都有貼心的暖溫設計了咧！

說到男人天冷鳥鈍，這就跟女人相反了。天寒地凍時，女人的胸部被冰冷的手指搓揉，反而會較平日敏感，花蕊很快就會抬頭挺胸，有時陰蒂高潮也會來得特別迅速，越冷越開花，挺省時間。

　　說到「時間」，冬日做愛最重要的要訣便是「進入的時機」，因為空氣過於乾燥，如果前戲磨太久，全身裸露的時間太長，便很容易乾掉，而且讓女人長時間張著大腿，冷風一直咻咻咻地從底層灌入，實在很無奈也很想問：「先生，外面這麼冷，你怎還不快點進來？」所以，男人得控制一下時間，看看差不多了就要叩關了。

　　寒流來時，怕冷的女人喜歡穿襪子，連睡褲毛帽都會套上，可是彩色毛襪或阿婆衛生褲通常都很解，建議女人如果想要保暖又催情，就穿日本女學生的泡泡襪或黑色網襪，切忌膚色，關鍵字：「膚色」！會殺精喲！也請男人體諒，女人真的很畏寒，不想把所有的衣服都脫掉，別異想天開在這時候要求她玩跳艷舞、賣便當的娛樂戲碼。

　　天氣冷嗓子難開，叫春鶯啼的婉轉度不比春夏時節，常會鎖喉破音。有個不體貼的男人，聽到女人邊叫床邊打噴嚏，索性拿起棉被就往她上半身蓋，只留下光溜溜的下半身，看不到頭臉，他還能繼續嘿咻，姦屍癖患者都輸他。

有些情侶開暖氣保暖，衝刺到一半，全身乾燥，突然抬起頭，一道鼻血就這樣奔流下來，要不要命？開暖氣而導致缺氧橫屍的愛侶大有人在，不得不小心，事後菸蒂亂扔也很危險，天乾物燥，暖爐它要爆炸是不會先提示的。

　　冬天乾燥還有一個非常惱人的問題，就是靜電，遇到很會「放電」的人，只能用「動輒得咎」來形容，親吻、牽手、愛撫都會「啪滋啪滋」發電，尤其從樓梯間一路親到家裡要做愛，一進門還沒開燈就慌亂脫衣，好像很奔放熱情，但是當毛衣通過乾燥的頭髮時，整顆頭竟激爆出一圈火光，像廟堂佛祖一般，既驚艷又驚嚇，鳥來伯初次看到只能用瞠目結舌來形容。連做愛時，兩人貼近下半身，都很容易「毛電毛」，重要部位有如神龍配鳳凰般，發出特效爆破的聲音，劈哩啪啦地搞得雞皮疙瘩一顆一顆地應聲而落。

　　很多女人在冬天性慾都會走下坡，也不是不想做，只是天冷懶得動，只想要被人服侍疼愛而已。所以男人也別太苛責，讓她在底下好好休息，你在上面策馬入林就好，不要搞太多花招，例如強迫女人變換姿勢，跟湘西趕屍隊一樣，整屋子到處跑，更不要白目地建議要玩「冰火五重天」的遊戲——冰塊這玩意兒，是屬於夏天的，請你醒醒吧！但是該做的還是要做，掀衣、愛撫、脫褲，前進、後退、翻身，動作俐落，速戰速決，暖暖的被窩裡幾十分鐘可以搞定的事情，就不要拖拖拉拉，長痛不如短痛，女人也會感激你的！

許多情人能夠一起做愛，卻無法一起睡覺，因為睡覺的癖好差異在冬夜尤其鮮明。鳥來伯最討厭在寒夜起來上廁所，寧可不喝水或憋尿忍便，也不願意起身去上會把光溜溜的屁股冰到彈起來的馬桶蓋；有時候撐不住了，上個廁所回來，只是不小心把「腳冷筍」夾到對方，還會搞得男人凍醒後輕聲抱怨。

　　鳥來伯也是一進被窩就不想出來了的懶蟲，連頭都不會冒出來，因此格外痛恨會擅自在被窩裡放臭屁的人，公德心何在？有些情人會將棉被像長龍一樣逕自捲走，把自己包得跟蠶寶寶一樣，讓只穿著單薄睡衣的女人冷到醒來，這也很缺德。不過，這種「捲鋪蓋」的習性是狗改不了吃屎的，最好的辦法就是一人一條被。

　　冬天也是不適合分手的季節，其中一個原因就是一人孤衾獨枕，未免殘忍；而且眾多繽紛佳節都集中在冬天，如聖誕節、跨年與西洋情人節，說什麼也不想上演「如果，在冬夜，一個去死去死團」的戲碼，怎樣都得撐過冬天，到春天再說。

　　台灣的冬天，總是憂鬱得讓人束手無策，感謝我們尚且能用性愛來打發快要殺人的漫漫時光，讓我們能在天火焚城的冬夜裡，一邊推近，一邊等待高潮與太陽公公出現的那一刻到來。

原來，我的大腦這麼會做愛

人非聖賢，桃花洞過久了總會想繞路，做愛越來越不想看到另一半的臉，這時，最好的方式就是將平日的性幻想大膽「演」出來！

■ ■ ■ ■ ■ ■

有人說，男人全身上下最厲害的性器官不是屌、手指、舌頭，而是大腦，因為大腦會上山下海地性幻想，其實，女人也是的。

性幻想是性愛的前哨站，性幻想越豐富，性愛繽紛的可能度就會大增。不過，並不是越會幻想的人，性愛水準就越高，也是有很多性冷感的男女，超級擅長想些有的沒的腥羶事，甚至極會把幻想的內容化為實際，但不是實際性愛，而是在網路上或電話裡猛打嘴炮。我想，這大概是一種補償作用吧……不過，這樣都還有救——身體不能做愛無妨，至少腦子可以做愛，也算是有銷魂到。

女人總愛批評男人的性幻想有多變態，但自己其實也正經不到哪裡去。女人的性幻想多半較文藝腔，我們也有「小本的」可看喔，鳥來伯這一輩的女人，看的健康教育教材是「羅曼史」小說，雖然沒有A書那麼催情，也不會有「過人之舉」，但它卻是所有性幻想的基石！鳥來伯承認，女人是最具備「被害妄想症」的動物，性幻想兼顧靈肉合一的背後，其實是「有一個影，生一個子」，光是看到小說封面，就可以自己起肖編故事編到封底。

　　女人的性幻想多半是高潮迭起的最佳劇情片，總愛把故事的發展牽拖到自己身上，讓自己平凡中見偉大。雖然說，非現實性的神經病指數比男人高出了許多，譬如以跨越種族、階級的愛情故事為出發，隨劇情妄想自己是被下藥的中世紀公主、被綁架的員外千金、被夫君奴役的悲慘少婦、受盡幫主寵愛的掌權甜心、不惜下海援助交際的高中妹……等等的，但不能否認，女人還真他媽的有創意到可以入圍電影金酸莓獎！

　　除了故事，「人物」也是很重要。對鳥來伯而言，性幻想對象除了外表瀟灑，配上冷酷不羈的浪子表情之外，最重要的是能讓女人想「被撲倒」，不然金城武也只能傻氣賣笑，布萊德彼特再帥也是放一邊站著晾，蝙蝠俠不能讓女人濕答答都是失敗！女人心靈上要是沒啥動靜，不能將「人物」連結到「故事」，想要肉體直上天聽，真的有點困難；不像

男人，跟電腦螢幕上的女人不熟，還是能莫名其妙地入戲勃起，過幾分鐘就OK了，而且，越是遠在天邊的陌生女郎，男人打起手槍來就越是特別快狠準，真的比身邊的女友好打發多了！

螢幕上的巨星，雖然可以榮登「女人最哈的性幻想對象」，但其實很多女人跟鳥來伯一樣，遠親不如近鄰，沒事發呆時也想：「嗯，今天就來模擬與金城武做愛吧……」但是，還真的好難喔，我喜歡他在《赤壁》的羽扇英姿，但我一刻也不想彎下腰扯他皮帶幫他口交耶；我也愛看小布跟裘莉在《史密斯任務》裡的烽火性愛，但我實在很難在小布面前晃著我那發育不全的奶臀，寬衣解帶跳艷舞；雖然忘記蝙蝠俠在《黑暗騎士》裡有沒有做愛場面，但可以肯定的是，當他用我最愛的「背後式」大軍壓境時，我大概會跟乾屍一樣趴著等死沒反應吧……

在女人心中，要幻想，還是習慣從身邊的男人下手。例如，同事的陽光型男老公、仰慕已久的滷味攤老闆、屁股總是撅很高的捷運指揮員，以及人人都有的隔壁老王等等，這些身邊的角色比較好上手，套上前面說的羅曼史劇情，馬上就是一篇神奇浪漫又鹹濕的成人偶像劇。

有個人妻朋友，她最愛幻想正在上大學的小叔勾引她，然後搶在老公快回來前，到廚房一把扯下胸罩，強行求愛，她

還模擬情境，誇張地想著：「老公回來了，不能被發現！」或是在熟悉的環境裡，跟辦公室一個亦敵亦友的男人，發展出一段惺惺相惜的性愛關係。有時，她的對象還有可能只是一顆枕頭咧！

這位人妻，還可以連續性幻想，分成好多集，集集火山爆發大滿貫。例如，這幾年最火的「未亡人系列」A片，男人著重的是「未亡人」的緊密黑色喪服被狂扯撕裂，還有那100分的小白短襪；但重視心靈層面的女人看的卻是「未亡人」、「死人」與「偷心漢」的三角關係，尤其一定要「溫柔地強暴我吧！」這樣跳進去對號入座一下，無可奈何地祭拜亡夫後，又義無反顧地一件一件扯爛衣物歡愛，還沒到「撿骨」的橋段，她就已經烈燒得比亡夫先上天堂了！當然，這都是床下的幻想，上了床真正做愛時，幻想的又不同了。

人非聖賢，桃花洞過久了總會想繞路，做愛越來越不想看到男友的臉，這是人的慣性，不能說是不愛，也不是想劈腿或外遇，就是個「膩」字而已。這時，最好的方式就是將平日的性幻想大膽「演」出來！

縱使男友也不過是正在口交而已，但女人就能把唾液想成對方把酒潑到她乳溝裡挑弄著，像是被雄黃酒潑到的白蛇，奮力地蠕動扭轉身體；縱使男友只是在上面「傳教」，女

人也能揪著男人的頭髮，想像整間房子火燒厝，情夫一把衝進來把她拖到樓梯間，扯下小褲，躍入雪地中做愛，身上的火焰紋身與冰冽白雪一接觸，女人不由自主地「啊～～喔～～」哭喊了起來，越想著雪地那根冒著煙的「火槍」，就叫春得越賣力。

這自導自演的效果超讚，女人一啼得見鬼，男人便順勢而硬；男人越有力道，女人就越感受那強烈的侵占性與存在感，也就越能投入。有什麼比女人香汗淋漓、苦苦哀求、雙眼縹緲、雙手纏握、眉頭緊皺、雙腿開花的樣子更令男人發瘋的？這，全是靠性幻想激發的啊！

但是，有些不喜歡性幻想的女人，對於男友的性幻想格外忌妒，尤其不能接受。其實，女人根本不是怕男人幻想，只是怕男人不愛她了，所以，這時候，男人的安撫就很重要了，馬上宣示效忠，是唯一可以保命的方式。而且，男人一定要把握住這種時機，因為，當女人意識到「性幻想」對她的威脅性時，可是兩人提升性愛的大好機會！

厲害的男伴要像女人的性愛導師，把女人對性幻想的傳統成見，扭轉成對感官的追求。國師級的性愛男友會慢慢訓練女人，從深刻的肉體關係裡，甦醒身體深處的官能世界，且能不厭其煩地鼓勵女友：「會性幻想的女人，才是有自信！」更優的，甚至會拉著女友一起看A片，平日傳一些色

不拉嘰的簡訊，讓女友隨時都在一種「無時不刻都想做」的淫氣中，等到時機成熟，再互換兩人對性的幻想與期待。

　　如此一來，女人會越來越上癮這樣的交流，也更能包容男友的幻想。當她腦子裡都裝滿浪蕩的思想時，又怎會管到男人大腦裡正在跟誰做愛呢？

最恨相逢月事時

身為女人，每個月總會有幾天想把自己或別人殺死。

■　　■　　■　　■　　■　　■

　　女人生理期最討厭的，除了身體不舒服之外，還有「要來不來」的那段折磨期，像是等著公司的人事命令一樣，讓人坐立難安，不知道哪一天哪一秒會降落，還得在隨身包包備妥衛生棉，等待第一滴血悄悄地落下。

　　在月經來臨的前兩週，正逢排卵，荷爾蒙作祟，使得女生的體味特別濃郁，家裡養的小狗，一開門就會湊到妳的褲襠猛聞，禽獸性格表露無疑。當然禽獸的不只是小狗，女人此時期的性慾會異常旺盛，有如男人之精蟲衝腦。許多女人會偷看A片，上班時雙腿交疊夾來夾去，回家拿棉被往下體蹭來蹭去。平常無慾的，反而會主動求歡；原本做愛臭一張臉的，這時候什麼招式都允許，讓男友眼睛一亮。

但是，排卵期也是最可怕的危險期，兩人都瘋狂想做到殘、做到死的時候，剛好就是最危險的階段。你說，人類要接受的折磨是不是很多？

過了排卵期，就是令全天下男人最聞風喪膽的「經前期」了！鳥來伯覺得，身為女人，擺爛最好的機會，就是經前的那幾天了，怎樣機車都可以歸給「月經」。滿臉痘子齊飛，小腹腫到噴油，情緒帶賽，整個人卡陰卡得很徹底。放縱的巧克力早在幾天前就買好，月經還沒來就先吃過一輪，邊吃邊騙自己不會變胖。

這階段，男人會發現女生特別愛亂，也會常聽到放縱食慾的女友抱怨：「討厭！我好像又變胖了！」、「我的臉有比較腫嗎？」、「我想槍殺我的同事！」比較多愁善感的，會一天到晚感嘆感情如朝露，更嚴重的女人甚至要去看心理醫生、開點藥、買些新衣服、吃個小蛋糕，才會好一點。（天知道，這到底是不是血拼的藉口呢？）

這時候的唯一優惠就是胸部變大，奶爆粉筋，但是胸大無用，一碰就痛，被摸也開心不到哪裡去，有的乳頭還會流出一絲乳汁，人奶鹹鹹，有幸舔到的男友都說妙不可言。以上就是俗稱的「經前鬼上身症候群」，月經來時就會消失。希望天下男人都能咬牙挺住，千萬不要不耐煩地脫口而出：「厚，妳是不是那個要來了啊？」女人會讓這種男人沒有好

日子過的，真的。

男人曾經幫女友買過衛生棉嗎？鳥來伯覺得讓男人去買衛生棉，是一件很有趣的事情。不到長城非好漢，到了長城也不見得多猛，但是總得讓他們去試一下吧。

一開始，男人會覺得很想死，尤其第一次站在大賣場的櫃子前，成山成海的衛生棉，絕對也讓他們成屍成骨。總是痛苦地發現，平平都是下體，為何有這麼多種衛生棉？厚度、長度、寬度、顏色、香味、翅膀、凹槽、中央隆起……一串鬼名堂，比A片的種類還要繁雜。

遇到隨性一點的女友，只會透露幾個關鍵字：「薄、夜用、翅膀，牌子都可以。」這已經很難挑了，要薄到多薄？夜用又分好多公分，翅膀要多大？更講究的女友，除了這些，還會PLUS條件：「不要網狀、不要薄的、背面不要分開的三處貼條、要底部加寬但不要翅膀，不要有香味……」規格多如嫁妝一牛車，直接說牌子也不見得比較容易找，真的很想把她從床上挖起來：「小姐，妳墊尿布啦！」

衛生棉對於男人的複雜程度，就像是女人對於男人挑選電腦的種類、記憶體的規格、車子的性能一樣，常常不解：「啊……這些……是差在哪裡？」但若是雙方都能遇到一個對這些細節瞭若指掌的人，就會覺得「就甘心A～～」對方

在自己心中的地位，可能因此水漲船高。所以，雖然男人買衛生棉就像「杜蘭朵公主」出的考題一樣，達到，就能擄獲女人心；未竟，就跟其他男人沒兩樣。但，幫心愛的人買衛生棉，總是女人給男人的機會吧！

月經那幾天，不僅女人的下體悶，男人的下體更悶，能允許「白刀子進、紅刀子出」的女人很少，狂野歸狂野，但如果沒有比較爽快，誰會願意洗床單？畢竟我們不是處女已經很久了。多數人還是會摸摸鼻子，趕在前七後八的安全期，努力「安全騎」，月經來就暫且休兵，把省下來的保險套錢，拿去買麻油豬肝吃還比較好！

不過，不怕感染、想體驗熱狗沾蕃茄醬的年輕人，倒是可以試試看（反正你們做過的鳥事也不少，不差這一件）。聽說月經進入時，感覺跟平常不一樣，會比較濕潤溫熱，但是能否到達高潮，還是因人而異；說實話，大多女人都不會願意經期做愛，呻吟只是敷衍，更多的是怨恨：「就已經在不舒服了，還在盧鳥，良心何在？」總之，女人都希望休兵再休兵，男人就體貼點，舉槍自裁吧。

鳥來伯也建議男人，帶女人去吃點營養的。有些女人很不信邪，總是生冷不忌，冰的飲料照喝，男人也隨她去。其實這樣反而容易導致女人生理不舒服，然後生理不舒服，搞得男人也一起情緒不舒服，長久下去「整組壞壞去」，以後做

愛就更不舒服。最溫柔的方式還是別驚動女人，別想挑戰極限，讓她好好地下蛋，方為上策。

有時候，命運真奇妙，以為某些東西走了，但其實沒有。就像月經，以為走得不留痕跡，但常在月事後幾天，一做愛，突然就涓涓血流，像是來一記回馬槍。有些男生很怕血，做到一半，低頭驚見老二有血絲，便像被蛇咬一樣抽拔出來，「媽啊……有血耶！」馬上用力擦拭，完全不顧床上的女友，好像流血的是他一樣，實在不稱頭；有些男人就不一樣了，反而會先安慰女性，不會顯得驚慌失措，見過大場面的，總是不一樣。通常男人願意這樣，女人反而不會暫停做愛，還會開放繼續玩，一點點血，無傷大雅嘛。

男人對月經的態度，常常是讓女人傾心的原因。除了經痛藥、巧克力、舒服的衛生棉之外，女人還需要男人溫柔的理解與陪伴，度過「月來月順利」的每一天，當然，女人也會回報你越來越爽快的每一晚！

分手理由百百種

誰說男人分手很迅速，有時女人分手也超有狠勁，快閃到讓男人搞不清楚狀況，還沒喊痛，女人就人間蒸發了。

■ ■ ■ ■ ■ ■

女人想分手，理由都很多。

女人的分手有「預謀殺人」與「臨時起意」兩種，前者是早就醞釀分手很久了，只是在等待男人犯錯而後誅之；後者是本來就沒這麼愛，食之無味、棄之無理，突然出現壓垮駱駝的最後一根稻草，於是就什麼都不必說了，再見不聯絡，落跑的速度跟見鬼一樣。

有些女人很愛說教，一天到晚要男人做這做那，規範標準一牛車。男人剛開始因為愛她，就真的有在做，後來就慢慢皮了也疲了，到最後是根本當放屁，這就犯了想掌握全局的

女人的大忌！搞到最後也不必改了，直接分手就對了。

　　有些手腳很快的女人，與情人去百貨公司地下的美食街，很會在各攤位「插隊」買餐，但是一點完餐，回頭竟然看到男人杵在人潮中發呆，不趕快占位子，還在慢吞吞地東張西望。女人一看就很火大，飯沒吃完，就想說再見了。男人大概會想：「有這麼嚴重嗎？」但女生心裡早就千山萬水地開始內心戲幻想：「以後萬一要生孩子，難道還等你找到醫院嗎？」、「做愛等你勃起，我都乾了！」而男人大概只是還在想著，只不過是動作沒快一點而已嘛⋯⋯

　　逛街最容易讓情侶吵架。跟男友逛街時，發現他對於品牌不懂就算了，還要裝懂，例如，念錯名稱，被店員推翻指正，還死鴨子嘴硬，這常讓女人感到非常丟臉，要他平常多翻翻男性雜誌也不聽，到底還有幾張臉可以丟人現眼？女人拿起一件衣服，東比西比，問身邊男友的意見，對方只會不積極地說：「都可以⋯⋯」、「隨便⋯⋯」、「太貴就不要買喔⋯⋯」，讓人覺得很沒參與感。

　　但是，男人意見太多也不行（$#%^&，女人真的很難打發），如果對女人看上的東西品頭論足，東扯西扯，會讓女人認為：「到底是誰要用啊？」約會時，漫無目的地亂走，男人如果不能細心體察女人飄過一間又一間櫥窗的眼神，到底是想還是不想駐足，也會讓女人氣結，認為男人一點都不

了解她。只能說，只要是對男友不爽想分手，女人可是每一樣都可以挑毛病。

有時候，會分手是個人的品質問題。交往久了，女生漸漸發現男友並不這麼可靠，例如發生事情時，只會手足無措地看著她，無三小路用的表情，會讓女生很不安。基本上女人還是喜歡強者，喜歡被照顧與聆聽，那是生物本性，女性繁衍後代就必須尋找「強者」。所以男人可以脆弱，但拜託不要一天到晚唱衰，會讓女生很害怕「跟他到底有沒有將來？」

有些男生很會找台階下，下得好很有智慧，但是下不好就會讓女生內心摔倒，例如，發生事情卻沒種處理，還自圓其說扯個半天，「這不是我的職責範圍……」、「事緩則圓啊……」比較衝動的女生就會抱怨：「不會就說不會，講半天，我還需要你跟我說這些嗎？」

強者歸強者，但態度太逞強的男人也會讓女生搖頭。有些男生不會喝酒，卻硬是要喝，結果喝醉還讓女生送回家，實在很廢柴；有些人去PUB不會跳舞，偏偏要下場跳，結果跳得像土風舞，讓人不禁想問：「您哪位啊？」

太瞧不起女性的男人，常常成為新時代女性的敵人，例如，認為女人開車很遜、賺太多錢沒屁用、單獨旅行只是找死，也會讓女生打消跟他繼續「走下去」的念頭。

比較有心眼的男人，就更不用說了。有的人會藏私房錢不實報，例如年終，其實女生才不想坑他的錢，財務畢竟是個人隱私，但是就不知道對方在掩飾什麼，好像沒把她當自己人，想到就上火。

　　有些則是偷偷與前女友見面，或跟別的「有機會」的女人約會，一點誠意都沒有，搞得好像自己還是單身漢，被女友發現也只是說：「喔，忘了跟妳講……」這種男人，還能繼續下去嗎？

　　有對情侶，關係原本就要死不活的了，碰上情人節張燈結綵的氣氛使然，本想好好規劃節目，找回往日的激情，但沒料到已然刺激不了多年來的死氣沉沉，冷淡與厭惡的感覺反而更甚往日，於是，兩人突然醒了，在當天勇敢地協議分手，雙方都鬆了一大口氣，「分手的那一刻，才突然有過節的快樂！」

　　有的女人則是講了好多次分手，男友卻依舊當她在鬧脾氣，於是她鐵了心，憤而在重要節日（生日、情人節、聖誕節）切八斷，以此銘志「老娘是玩真的」。有些人則是逆向操作，用情人節來當分手的籌碼，希望獲得男友更多的關注，畢竟在這個「注重顏面」的節日裡，有情人都不願意孤孤單單度過，對方為了「順利過節」，也只能傾盡心血挽留她，暫時消弭分手的戰火。

有的男人指甲總是藏污納垢，又不喜歡剪，總愛用咬的，一想到如果要讓他「指交」就免了吧！小指習慣留指甲的男人，好像「太監公公」一樣噁爛，不懂他到底是在留什麼意思的？還有人喜歡摳摳耳朵，再挖挖鼻孔、玩玩鼻毛、彈彈鼻屎，最後還把指縫裡的鼻屎屑咬掉，看得女友心驚膽跳，中飯都從胃裡嘔出來了。

跟男人吃飯也很刺激，很快就可以發現分手之日不遠矣。有些男生吃飯時，會拿起牛排刀或叉子剔牙，看得高級餐廳服務生一愣一愣的。大家別以為喝湯不出聲，菜餚不沾身，是眾所周知的國民禮儀，還是有人會把西餐碗舉起來灌，吃完一道菜滴得滿桌都是油，沾得領帶花亮花亮的，都幾歲的人了？有的男生很可愛，菜單上的杏鮑「菇」被他念成杏鮑「茹」，牛「丼」念成牛「井」，好殺的鄉巴佬啊，真的天才到爆點。

再不然就是在女友的場子大肆批評，發表一些大家都沒興趣的超冷話題，讓原本想介紹他給好姊妹認識的女友，都想假裝不認識他了！要不就是飯後當紳士搶付錢，回家後再跟女友算錢，更爛的是，邊付錢邊在大家面前碎唸：「現在景氣真的很差，吃一頓飯就花了多少多少錢……」真是帶不出場，讓同行的朋友很尷尬。

第一次過夜，也會讓情人看穿手腳。有的女生發現男友用

完乳液後，會拍拍臉頰，一付好清爽好享受的娘炮樣；或者驚覺對方上完廁所不洗手，再回來摸她的身體；要不就是尿完噴濕馬桶，講一百次也死不把馬桶蓋掀起來；還有早上赫然見到牙刷上居然有菜渣，或是發現牙刷居然是乾的——整晚都沒刷牙！

有的男生喜歡把襪子塞在鞋子裡，塞了好幾天都不洗，週一到週五都是那一雙，那女人晚上上床時，怎麼可能接受讓他用同一雙襪子穿了五天的腳磨蹭呢？有的男生很體貼，會幫女孩子掛衣服，但大概是平常沒做家事，毛衣亂扯亂掛，一早起來要穿時，毛衣肩膀部位都變形了，這種貼心舉止反倒被扣分也很可惜。

以上，皆是活生生血淋淋的真實故事，鳥來伯常感嘆，當女人一定要這樣小鼻子小眼睛嗎？女人常常注意到小地方，然後小事化大，嚷著要分手。其實男人也沒這麼該死，或許在他們心中，不劈腿、努力賺錢、把女人當人看，就已經很夠意思了。

有些男人則是認為能在心愛的女人面前表現真正的自己，這段感情才能長長久久，豈料把自己的私生活一絲不掛地攤在對方面前，竟然招致分手，搞得之後交女友都戰戰兢兢，深怕一不小心，就莫名其妙地出局了……

女人分手的理由林林總總，但是講這麼多的背後，最大的理由，也是最不敢說出口的，或許就是：「我已經不愛你了！」

今夜，誰來一夜情？

一夜之後，自己真的可以拍拍屁股走人嗎？可以安全帥氣地退場嗎？如果連這樣簡單的基本問題都回答不了，還能玩多大條呢？

■ ■ ■ ■ ■ ■

人生中總有許多過客，對某些人來說，一夜情就是其中一種。

有個一夜情達人的朋友，我們稱之為「獵人」。他說，一夜情爽在一種莫名的冒險性。它不像外遇會一哭二鬧，也不像叫雞叫鴨需要付錢，完全靠自己的實力，眼神交會，當下秒殺，那心領神會的雞鳴狗盜感，他說「是一種癮頭」，很能滿足成就感，尤其在人來人往的聚會上，忽然嗅到當晚獵物的氣味，那一股男人根部旺盛的爆發力就要出動了！

男人在一夜情的困難度上，遠比女人大多了。女人一次有

好幾個男人等著讓她挑，相對的，男人們就必須使出渾身解數，深入虎穴，把其他無腦蒼蠅幹掉，再突破女人心防，讓她稍微喜歡你一點，才有可能像原始人那樣，把她打昏，拖進洞裡……。所以男人想持續搞一夜情，除非條件好到不行，不然在競爭者雲集的寶地，沒有惡補一些手段，還真的會常被打槍。

把盡諸多女人的獵人分析，有些女人不是不想，而是擔心低級的一夜情對象故意傳出去，被人家在背後笑「被睡走了」或「母夜插」。許多女人在這方面還是很難放得開，更多的是，難防有些男人吃不到，還故意在背後放話說難吃。所以獵人搞一夜情的首要原則，就是口風要緊。只要贏得女人的信任，技術也表現得還不賴，都可以縱橫江湖一夜、二夜、三夜繼續下去。一個晚上跟不同人搞好幾次的一夜KING也大有人在。不過，有些男人則完全相反，技術太差，所以「只能」一夜情，因為一夜之後，對方一定走人不聯絡……這也算是另類的一夜情。

獵人這種有「一夜情強迫症」的人，還會上一些「一夜情匿名網站」與志同道合的網友一起討論方法，相約去獵艷，比賽一小時內各自釣到多少妹。他們把認識的女人名單分為「已搞」、「未搞」、「懶得搞」、「難搞」這四種，然後，再繼續更細部地用樹狀圖分析下去，成為珍貴的一夜情資料庫。獵人出去打獵回來後，會很認真地將他遇到哪個美

眉的過人與過分之處，清楚地記錄下來，但為了保護當事人的隱私，他絕對不會透漏任何資料。

你能說獵人的一夜情癖好很骯髒嗎？喔不，我只能說那是他的另類性慾，而且，某方面來說，其實是很專一的。忠誠地服膺著小弟弟喜新厭舊的信仰，活在汰舊換新的自由性愛裡，並且堅持雙方都要HIGH到，成為「自己與別人生命中的天使」！

獵人總是秉持著「試試看」的心態，也就是看對了眼，聊開了話題，不如腿一起張開，「搶先下載試用」看看，如果連性都很絕頂合歡，起床後吃完早餐還可以留個電話，說不定改天有空能繼續發展下去；如果那夜不甚滿意，就當買個教訓。

一夜情有一種「未知」的樂趣，彼此像是在開發一座神祕森林一樣充滿挑戰。所以，在進入一夜情的森林前，獵人勸男人最好做足萬全準備，「世上沒有意外，成功只給準備好的人！」，把腳洗乾淨，換上好的內衣褲及襪子，該吃猛哥藥的記得隨身攜帶。

少不更事的獵人，曾經敗在把女人帶出場後，卻苦無地點做愛，最後只好硬著頭皮帶回跟父母一起住的家，隔壁弟弟在打電動，廚房不知道誰進進出出一直開冰箱，一夜情環境

糟到如此，做愛還得小聲叫，一整個晚上兵敗如山倒。獵人說，那女人半夜離開的樣子，臉上的殺氣與怨氣，到現在他還記得，彷彿性愛不滿的冤魂還悠悠穿梭在他房間裡。

有一個朋友更誇張，瘋狂一夜後，才發現對方是哥哥的女友，「天啊！我上到嫂嫂了耶！」活脫脫現代武松，搞得後來見面超尷尬，不知該不該跟哥哥說，怕說了會出兩條人命——他自己跟大嫂的。還有人一夜纏綿完，互問對方姓名，才發現是國小同學，抽事後菸時，開始回憶往事繁星點點，相隔幾十年，變成「性班對」，還真是兩小無猜猜不到！

另一個朋友才是驚魂，一夜情碰到直銷女王，才剛做完，都沒喘氣喔，對方就專業地遞上名片，說自己是什麼碗糕藍鑽級經理之類的，接著包包拉鍊一打開，滿滿的產品，然後就讓他赤條條地在床上去角質、敷臉、保養什麼的，不停推銷推銷再推銷，最後他只好掏錢買了一套產品，這種算不算是桃花劫呢？

還有一種一夜情，就是找分手的舊情人回鍋炒。可能是某個寒冷的夜晚，假借「我想看看妳好不好」為出發點，就約出來，然後，也不知道為啥就推倒對方了……熟悉的習慣與喜好，讓一夜情很順利，哪一刻要射，摸哪一塊會呻吟，體位的順序，推進的節奏，事後沖洗時要按摩哪處，都非常熟門熟路。做完還可以聊聊最近都在幹啥？哪支股好買？聊天

不會從「小姐，妳姓啥？」問起的感覺真好，如果對方目前沒有對象，大家一起取暖，既安全又省時，其實挺不錯的。

喜愛此道的人，不願意自認只是「床友」這樣膚淺，畢竟還有往日情當基礎，不像「一夜情」草率隨便，而能更真實地感受對方的體溫，有時做愛完，比過去當情人時還要感動與深刻，甚至想到兩人之前的可能與不可能，還會雙雙流淚。但是，江湖險惡，不管多熟，還是得小心帶套，有些女人會藉此故意懷孕，而要求復合，男人可別傻傻地中計被拎回去了。

鳥來伯是覺得，一夜情過後，大家都應該拉上拉鍊，閉上嘴巴，少講些是非，這畢竟是一種娛樂道德，就像算命的不會隨便透露人家命格一樣地上道。要搞一夜情，基本上就得放得開，別去想些過去未來的玄妙問題，今朝有FU今朝尬，這樣雙方都能玩得輕鬆，玩得快慰！

山水有相逢，尬在黎明破曉時，要玩就要有品，大家都是成年人了，沒有什麼吃虧不吃虧的道理，如果沒有什麼非得繼續下去的理由，一夜情過後，還是不要勾勾纏，比較爽快灑脫。

這種性愛最重要的心態就是「既往不咎」，男女都要識相勇敢點，在一夜之前，請想清楚：一夜之後，自己真的可以

拍拍屁股走人嗎？如果對方要求連絡，你可以安全帥氣地退場嗎？如果連這樣簡單的基本問題都回答不了，還能玩多大條呢？還是乖乖回家睡覺吧！

就是愛自拍！

性愛自拍的前提，一定是要尊重女人，女人說「不要拍」，就是不要拍；但只要女人想拍，就一定要拍得美、拍得好、拍到殘！

■　■　■　■　■　■　■

性愛自拍儼然成為新潮性愛的必備過程，這股潮流吹到妳身上了嗎？

身為女人，鳥來伯能體會女人比男人抗拒自拍的心理，大多是怕影像外流，不小心成為名人也非自願，這實在很令人恐懼。還有另一種心態是，不喜歡男人做愛時不專心，為了自拍一直喬鏡頭、換姿勢，本末倒置。

最掃興的自拍，是男友拍了一小段後，就馬上停止「進入動作」，拿起攝影機倒回去重看一遍，甚至說：「剛剛沒有拍清楚，再來一次吧～」自導自演，完全不顧女人的感受。

有的男人性愛自拍還要兼顧燈光與音效，做愛前光是打燈找背景音樂，就讓女人連打好幾次呵欠，故弄玄虛個什麼勁啊？更別說每個姿勢角度都要費心拍下好幾個鏡頭存檔了，真不知道老兄你是來做愛，還是來取景的？

不過，想玩自拍的男人，也得多下工夫，這是體力與攝影技術的大考驗。男人不但要一手拍照、另一手愛撫，甚至插入時拍照，也要能手到擒來，邊震動邊按下快門，動作不能稍有遲緩。一個有經驗的自拍高手，必須讓女人感覺沒有些微停頓，自拍與抽送的過程配合得天衣無縫，讓整場性愛完美地留下紀錄。

比較差的，就是拍到一半太興奮，沒擋頭就射了，女人一聽到快門「咔嚓！咔嚓！」聲，緊接著而來的，就是對方射精的「啊……啊啊……」吶喊聲，在什麼都搞不清楚的狀況下，就結束了，恨得差點把相機扔掉。

有些男人用手機拍照了之後，回過頭趕快再抽送個幾下，但忘記了手機仍緊抓在手裡，不小心用力一按，就發送簡訊傳出去，收到的人莫不嚇到，SNG得很烏龍。

因為力求自拍畫面夠養眼激情，男人常要求女人打扮得美艷點，穿上五花八門的情趣衣物助性，讓每一支影片皆有主題，例如手銬、眼罩、震動環、按摩棒、黃瓜、香蕉等各種

噴血玩具，配上各色網襪、高跟鞋，甚至連化妝、髮型都顧慮到了，多麼敬業樂群，誰說這些人不是未來的奧斯卡明星呢？

常常也是看了自拍影片才發現：「老天爺！我的小腹已經快蓋住對方老二了！」或是「殺人了，我屁股的贅肉就快掉到地上了！」畫面真實到不忍卒睹，不去健身房把肌肉練猛，奶臀練挺，下次怎有勇氣按下「RECORD」跟「PLAY」兩鍵？所以愛自拍的情人，總是特別重視身材的保養。

夫妻性愛自拍的風氣也很盛，婚後性行為品質逐漸下滑，性愛自拍能讓老夫老妻再燃火花，全憑自拍讓人產生「被窺」與「窺人」的奧妙效果：做愛時拍攝對方，透過小小的螢幕看到聲嘶力竭，陰毛翻飛，快要不行的樣子，「視姦」不輸透過電腦看A片；如果把攝影機放在某處拍兩人，則會有「被窺」的戲劇感。加上男人自尊心使然，還會更賣力、更戲劇性地用力吆喝推車，希望畫面中的自己英勇神武。

除非平常有邊做愛邊照鏡子的習慣，不然通常做愛只能看到對方的臉，如今透過攝影機擺放在不同的地點，不同的視角，從背面側面，或是其他角度來看，許許多多不同的自己，都會有既陌生又熟悉的快感，事後再看這些纏綿悱惻的淫愛影像，更有不少的絕妙臨場感。就算自己在家DIY，也

能正大光明跟女友說：「我剛剛看著妳打手槍喔！」相信喜歡刺激的她，聽了之後也會與有榮焉，心兒陰兒蹦蹦跳。

　　如果男友很喜歡在螢幕上欣賞自己恩愛的過程，但妳卻很害羞，有一種方式可以提供妳試試看，就是將攝影機接上電視，邊拍邊做邊看，不必擔心錄下來會流出去。透過電視大螢幕跟攝影機的小螢幕觀看，是不同的爆點，詳細的皺眉喘氣、乳波浪臀、陰部紅腫、如絲媚眼，全都會赤裸裸地橫陳眼前，閨房儼然是首映會現場！但前提一定是要尊重女人，女人說「不要拍」，就是不要拍；但只要女人想拍，就一定要拍得美、拍得好、拍到殘！

　　男人多半直接獵取女人的表情或肢體的畫面，女人則喜歡朦朧的光暈，常常只拍鼻子以下的體態，以一種神龍見尾不見首的方式呈現，在「露臉」與「想秀」之間取得平衡點。鳥來伯有越來越多的女性朋友迷上自拍，而且比男人更愛把「愛照」上傳到色情網站換積分，也會大方地將恩愛照片當成MSN圖片、手機桌面，主題也越來越有創意，原本預計拍的「紀錄片」馬上就改成「劇情片」。

　　因為自拍，女人更加地鹹濕變態，反而達到從未有過的高潮。一開始可能為了男友要求，半推半就，但後來看到自己做愛的樣子，也突然很滿意那淫蕩騷煽的媚態。透過鏡頭記錄，也可讓沒啥自信的自己多了許多成就感，激發性愛上不

夠主動的女人，看到自己木訥、不靈敏的樣子，發奮圖強開始鑽研房中術，希望勤能補拙，每一次「ACTION」時，都能百尺竿頭，更浪一步！

許多原本雙腿死都不張開的玉女，經由不斷學習，後來一看到攝影機上錄影的小紅燈亮起，腿自然而然緩緩打開，還能邊燦笑邊做V字手勢，整個AV公主上身，毫無保留地HIGH了起來，潛能天賦擋都擋不住，這也是「自拍」帶來的另一種收穫。

能夠自拍的愛侶，不是夠大膽，就是夠信任對方。男人能否讓女人真心真意入鏡入戲，是性愛自拍能否成功的關鍵；總不能要我們遮著臉自拍吧，又不是臨檢被抓到。其實最好的辦法，是男人將攝影機與拍攝帶都交給女友保管，或者承諾女生：「如果不喜歡，我們就刪掉。」

不管用哪種方式增添魚水樂趣，請記得「安全同樂」的互惠原則，誰都不想花了一整天下載A片，最後卻是看到一部主角「長得很像自己或男友」的影片吧！

為何女人都要瘦？

許多男人都在問：「為何女人這麼愛減肥？」

■ ■ ■ ■ ■ ■

　　減肥，是個舉足輕重的行為，萬萬不可等閒視之。女人狂愛瘦身，就跟男人愛談政治，總是受到社會媒體影響一樣。

　　許多男人很納悶，為何女友的身材已經像鬼在飄，還要喊自己很胖。電視劇告訴女人：「瘦下來，一切就柳暗花明了，桃花就會開了，人緣就會好了，就嫁得掉了。」團體中的恐龍妹總是乏人問津，被人取笑，但是「一瘦天下無難事」，體重減輕可說是人生的曙光，一公斤殺死一少女，這種事情絕對不是開玩笑的。

　　沒戀愛的女人愛減肥，有戀愛的女人一開始會先發胖，安逸過頭後，又會開始喪智地減肥，想找回自信跟鮮度，找回

體重計上的夢幻數字。這時，男友的一句：「喂，妳好像變胖了喔！」就會讓女人天崩地裂，幾天都不想跟你說話。

雖然說，比起那些放任自己體重爆表的歐巴桑，懂得克制曲線的女人，算是有救的，但過分希望自己完美，也會搞得兩人關係動輒得咎。不管女人是失心瘋地喊：「我要減肥～～」或「我不要減肥～～」都會讓男人心驚肉跳，這瘋婆子到底還想幹啥？

鳥來伯不得不承認，瘦子真的頗左右逢源，尤其在性愛上。瘦女總是穿得下性感夜衣，男人愛看女人穿馬甲與吊襪帶，女人也希望自己如DM上的模特兒一樣玲瓏有致，曲線噴血，但是，一日不減肥就一日塞不下那鋼圈裡，一邊恨得牙癢癢地想：「那種衣服根本不是給正常人穿的！」一邊只能吸氣把衣服套進身體，穿完一輪，太陽也下山了。就算不為了臭男人，也是為了自己，看到自己穿上網襪後，大腿肥油從網格噴出來，實在慘不忍睹。當吊襪帶已經吊不住肥肉時，做愛又怎會開心？

很多性愛姿勢，也因為女人的肥肉而可笑滑稽。例如狗狗式時，女人想回頭望著男友，給個嫵媚的眼神，無奈腰上卡著一圈霜降肉，轉過身險些扭傷；女上男下的蹲踞式，往下望去，隔了四層甜甜圈都看不到對方性器，要不要這麼感嘆：「最遙遠的距離，不是生與死，而是我在你身上搞，

卻看不到你……」；催情的六九式，為了不把大屁屁壓在男人臉上，下半身得煞費腰力把象臀抬起，上半身的嘴巴又要費力地舔，腰力腿力頸力可都要一等一才行。晃著笨重的身軀，撐不了幾分鐘就腿軟了，滿身大汗，連想繼續的動力都沒有了。

太胖的女人洗鴛鴦浴時，還會被嘴賤的男人笑說：「妳一坐下來，水就滿出浴缸了。」再怎樣沒廉恥的女人，聽到這種話，應該都想割骨割肉了吧。

這世界總是瘦子稱霸，女人的競爭中，找不到可以比較的特點，常常會先從身材下手。如果前女友比現任女友身材還要好，男友又不把前任照片收好，被現任女友看見，嫉妒心一燃起，女人就追著問一堆問題：「說實話，我比她胖嗎？」、「說真話，我不會生氣，她最胖是幾公斤？」把男人煩到失智，當女人用身材借題發揮，把前女友當成假想敵後，男人怎樣勸說安慰好像都無用。

人老珠黃的女人對於減肥也是念茲在茲，多半不想踏進百貨公司的媽媽樓層，還妄想停留在少女專櫃。女人一胖起來會更顯老，皮膚走下坡，體重走上坡，穿衣受到限制，幅度越穿越寬，色系越搞越黯淡，不遮掩一下，站在男人身邊就是個阿嬸。所以，熟女瘋瘦身，常常比少女更加劇烈，激瘦下來的臉頰也下垂鬆垮得快拖地。說到底，這也與男友的態

度有關，幾句無心的嘲諷或比較，都會讓熟女原本逐年下滑的自信瀕臨破滅，對女人來說，能不能度過中年發胖的關卡，男友的體諒非常重要。

除了動機之外，女人減肥的花招，也令男人目不暇給。例如，做愛時，在某個姿勢停留很久，男人以為她高潮了，後來才發現她根本是趁機做拉筋運動；還有些女生大小腿用瘦身繃布綑得密不透風，搞得像重傷病人，男友開門看到，還以為她摔車了；或是整天穿塑身內衣，做愛時一脫掉，全身都是勒痕，還以為她有自殘的特殊癖好；偶爾吃個大餐也斤斤計較卡路里，「可以全部都水煮嗎？可以幫我過油嗎？」把餐廳服務生問得快要抓狂；在家開伙更不用說了，料理出的和尚瘦身食物，光看就寒酸，自己減肥也要拉著男友一起減，他人何辜？真是阿彌陀佛也哭泣。

最近還流行一種拔陰毛的減肥方法，目的是刺激賀爾蒙分泌，以消除贅肉，有些人真的邊上班邊偷偷扯毛，看得同事一陣心驚，暗自忖度：「照她的情況，要達到標準體重，恐怕會變白虎吧。」只能說，女人為了小一號，實在沒在怕。

有些女人明明已經是紙片人了，還是天天跟中邪一樣問男友：「我胖嗎？」這真的是比天天問：「你愛我嗎？」還要令人傻眼不耐。只要男人說一句：「妳到底哪裡胖？」，這個夭壽的話題就會此恨綿綿地牽拖下去，不管男人說破了

嘴，女人會在意就是會在意，身材就是她們的阿鼻地獄，生生世世永糾纏。

遇到瘦身成性的女人，男人該怎麼辦呢？又不能常常勸她，一勸，女友一定會說：「還不是為了你們這些死男人！」真是不殺伯仁，伯仁為你而死！

面對女人的減肥潮，鳥來伯多希望男人可以幫一點忙，嘴巴甜一點。自覺肥胖的女人，在性愛上尤其自卑，男人若能適時誇讚，胖妹胖姊就會大方快樂些。有時，男人睜眼說瞎話，是為了大局著想。但是，誇讚也要有技巧，如果腿粗，就千萬別昧著良心說她的腿多修長，而是去誇獎其他地方，例如誇獎女人的口技很棒或手技了得，這是「這裡關一扇窗，那裡開一扇窗」的道理。當然，這也有賴男人平時細心發現女友的特別之處，發揮「隱惡揚善」的美德。

最有GUTS的男人，是「明知山有虎，偏向虎山行」。也就是親吻女友最不滿意的地方，例如她嫌奶小，就親她奶，嫌小腹圓，就摸她小腹。讓胖妹知道，她最在意的部分其實是男人最愛的，道理與「逐臭之夫」、「蜜糖與毒藥」一樣。女人常常會因為這樣反而放得更開，始出渾身解數，拋開一切身材負擔。

女人一站上體重計，看到數字，就像卡到陰般地滾下來，

然後悶悶不樂或焦慮憤怒，聰明的男人，千萬別問她為什麼，如果她要繼續吃零食，就讓她自暴自棄，別攔著她就對了。女人自有一套方法釋懷，這是我們的過人之處，男人只需要靜靜地陪伴她度過就好（這期間當然難忍啦，就是難忍才要你忍嘛！）

　　鳥來伯很多女性朋友的閨房，都擺了一堆瘦身器材，例如滑步機、騎馬機、搖搖樂等等，整個氣氛很像刑房，有時想想，與其讓這些器具蒙上灰塵，不如充當性愛輔助工具。男人也可以陪女友運動，幫她準備減肥餐，忍受她穿的塑身衣；女人感動之餘，一定會在性愛上加倍補償。我認識的許多女生，只要瘦下來一點點，就立刻有成就感，馬上買了一堆性感睡衣穿給男友看，性愛變得狂放大膽，空前絕後，讓男人享盡屌福，只能說，女人的「一公斤」，就是男人的「一公升」……

　　如果說，女人是「瘦身控」、「豐胸控」，男人就是「延精控」或「巨屌控」，龜不用笑鱉，互相體諒才是王道。不過，肉會肥軟，屌會無力，創造無法取代的個人魅力，才是使性愛長青的終極武器吧！

性

愛

力

Part II
男人的逆襲

情人節，情人劫

男人一年有好幾次要被女友搶劫。

■　　■　　■　　■　　■　　■

　　除了國農曆生日、初吻日、初炮日、聖誕節……一堆阿撒布魯的紀念日，只要女人想得出來，有理無理的自訂紀念日，男人的身、心、財就會被洗劫一次，一聽到情人節，更是不約而同抱頭鼠竄。

　　鳥來伯聽過不少在情人節隔天便慘遭換角的苦情男，都是在「送禮」這一項中箭落馬，有時，真的很同情男人。商人也賤不拉嘰的，拚命用一些煽動人心的釣魚步數讓女人上勾，男人非得被劫才能證明真愛！

　　不過關於這一點，身為女人，鳥來伯真的覺得，女人很簡單，要的是一種「只要你有記得就好」的溫馨感。當然，與

其送一些花草玩偶等過幾天就會死、放著長灰塵的垃圾，不如送些可以嘉惠到男人自己的，如吊襪帶、網襪、丁字褲、性玩具……等等。男人希望女生秀啥給你看，你就買啥送她，不超過一千大洋就可以讓你高舉整夜不停歇，又可重複再利用，多實惠。

尤其平日跟二愣子一樣的男人，這套可管用了，「最性感的日子把最性感的東西送給最性感的愛人」──這可不是睜眼說瞎話，光這種說辭就會讓她對你刮目相看，刮目完就會把衣服刮掉給你看。過節難得嘛，何必跟「過節」有「過節」呢？可謂小小付出，大大回饋！

情人節是男人與女人發生進一步關係的時機點，一直苦於難以「破城而入」的男人，真的要把握這黃金檔期。年紀大一點的男女，對於情人節跟聖誕節這種燒爛萬家燈火的節日，總有種「想被怎樣怎樣」的期待。記得，男人想太多，氣勢就孬了弱了，所以，不管去不去，先訂妥HOTEL就對了，機靈點喔！不要到時候生死一瞬間，還得痴痴地在賓館外面排隊等做愛，尤其是高檔的HOTEL，等房的車陣可能排到兩座山外了，難道要邊等邊下車打條烤香腸、嗑粒冬蟲夏草茶葉蛋殺時間嗎？又不是在賞花燈！

為了攻破貞操防線之不時之需，有遠見的男人早就開始勤練肌肉、拿A片出來好好進補修練、染黑了白陰毛、穿上至

尊內褲跟無臭襪子、買好保險套，在這「一期一會」的情人夜，隨時都要一決勝負了，唯有準備妥當，神才會站在你這邊！但得失心不要太重，千萬別因為準備周全，冒出「就算強暴也要喬落去」的念頭；準備只是讓表現更好，更有後盾，有機會「吃」當然要「吃」，沒有機會，就下回吧。

情人節的HOTEL，堪稱整座城市賀爾蒙最旺盛的淫亂地帶。賓館大廳，愛侶們如過江之鯽穿梭不已，如颱風天的便利商店，大家都抱持著一種意在言外的微笑。不管大小賓館，當晚「轉床率」都高得驚人，今年就賺這一攤了！

鳥來伯曾經在情人節隔天，與一夥人在MSN上聊起，發現到在同一家賓館QK的朋友還真多，還發生過與公司同事一起搭同一班電梯分別上不同樓層做愛的例子！簡直跟畢業旅行一樣，蛇鼠一窩闔家歡，不知情的賓館打掃阿桑，看到兩對情侶走出電梯時互相寒暄，還以為是來玩雜交的！

比較扯的是，有個朋友剛CHECK OUT完，轉身出去，竟在門口遇到前任女友帶著橫刀奪愛的男人來開房間，「這畜生也來了！」他像看到仇人一樣怨懟，不過，隨即想到「哼！你現在進去，說不定是用老子剛剛搞過的房間跟床鋪！」這跟嘲笑別人「穿舊鞋」的理論是一樣的，之前被戴綠帽的一股悶氣，當下突然覺得心情舒坦多了，這……也算是情人節的意外收獲吧。

還有不少女人為了拚面子，第二天會故意請假或上班遲到，這時候男人也別傻傻地硬要中午把她叫起來退房，送佛送上天，讓她多睡點，了不起多付點超時費。

　　情人節也是劈腿男考驗體力跟腦力的時刻，要奔波也要「噴波」。除了得算好約會場次，精液存量也要自己衡量，不要搞到最後一個女友，怎麼擠都擠不出半滴精，實在很難交代「本日配額」都去哪裡了。不過，既然「貪心在先」，那麼「當種馬在後」就要當心了，做愛後別用賓館的香皂洗澡，女人一聞就聞出那廉價的香皂味道，男人更要注意前面的女友會不會在身上留下爪痕，有些男人連頭髮都還沒吹乾，馬上要趕去赴下一場約會，真叫人替他捏一把冷汗。總之，一日牛郎，普渡眾生之大愛，還真不是做一次就倒頭呼呼大睡的男人可以想像的。

　　情人節是所有單身男女咒怨殺氣最重的一天，雖然每年都鼓勵自己「明年該是兩個人過了吧」，但是想來全是幻覺，你知道那種感覺有多淒涼嗎？許多「單身咒殺團」最恨上班不時聽見有人問「今晚去哪裡玩？」，這就算了，當晚下班走在路上看到摟摟抱抱互相取暖的人兒，實在很想見一個殺一個，尤其二月份還是冷個半死的天氣，這些情人有沒有公德心啊？所以，如果沒有一大票寂寞的人一起約去吃飯度過，就得準備好存糧與DVD，不然回家手賤轉到電視報導情人套餐、玫瑰花價的新聞時，又想拿刀了。

有些女生跟鳥來伯一樣，是很討厭過情人節的，那種「非要去完成一件事情」的感覺還真媚俗，也很不甘願讓那些亂哄抬價錢的商人得逞，寧可提早或延後過節。如果當天女人遇到月事來臨，預先規劃的一夜春宵，大概只能兩人下象棋垂淚對坐到天明，或是幫男友口交、打手槍到肌肉抽筋為止，感覺還蠻慘的。或許，以彈性一點的態度來看待這節日，比較不會有「硬要幹點什麼，不然對不起情人節」的感覺吧。

不管怎樣，情人們有個專屬於兩人的節日就好，不然，老是在「全球打炮日」跟人家搶HOTEL跟餐廳，光想到就嘔死了！

忘不了他的好

什麼樣的男人，最讓女人難忘？

■ ■ ■ ■ ■ ■

　　愛來去匆匆，性來去沖沖，什麼樣的男人，在匆匆與沖沖間，最讓女人忘不了呢？

　　聽說，世界上最可怕的動物是「前男／女友」與「死去的男／女友」。有些女人有「前男友控」，分手幾百年了，她最愛的都是「前男友」。

　　有個朋友說，她最難忘前男友剝掉她內衣褲的技術，不像其他男人，一上床就猛扯，然後一步到位，此人反而是不脫內衣褲，先專攻挑逗，時而伸手往罩杯裡揉揉，時而湊到小褲褲底部摸摸，把玩得讓女人比他更心癢，就算乳尖硬挺得要衝破胸罩了，底褲濕潤得快滲透布層了，他還是繼續逗弄。這一招真

讓她全身做愛細胞從頭頂抖到腳底，「我無法想像他怎能忍住不脫掉我的衣服呢？這樣一來，我更想要了！」

「引而不發」這一招，對性冷感的女人最有用，當然，先決條件是男人的挑逗技巧要掛保證，那些能讓女人魂牽夢縈的狠角色，絕非三兩三。像她前男友會用牙齒把她的內褲慢慢往下咬褪，再往上推，一上一下，一褪一舔，臉還會在褲子上忘情地磨蹭，依戀十足，這種表情，讓她下輩子喝了孟婆湯都會記住！她就愛看他對她的小褲褲味道著迷的飢渴樣，等到褲子慢慢褪到她腳踝邊，他再猛虎一躍，這一切就是「水」、「道」渠成。你說，這種男人哪裡找？

除了技巧之外，能讓女人忘不了的男人，更勝在細節部分。有男人把女人衣服脫光光後，就隨便亂丟，等到做愛完再從床底下拉出來，好衣服早就壓扁成菜乾，心疼不心疼？有時男人的房間不乾淨，住處亂如老鼠窩，要女人把內衣褲丟雜在裡頭，會不會有小強爬過啊？人家還要不要穿？

愛乾淨的男人同樣令人難忘，他的床單總是蓬鬆舒服，讓女人一去他家就想在上面被推倒；浴室的瓶瓶罐罐也整潔乾爽，讓女人印象深刻，因為不是每個男人都這樣的，更多男人的浴室是爬滿了癬垢，女人歡愛後想進去洗個澡，都還不敢赤腳踏到磁磚上，更別說碰到馬桶或洗手枱了。

能說「善意謊言」的男人，也很難忘。女人對自己的身材多半沒啥自信，尤其身材爛到谷底的女人，最最需要聽點性愛好話來尋求安慰。有個朋友就是天生比人家大隻，性愛自卑感也比較大，如果男人睜眼說瞎話，把她稱讚成「小隻佬」，她會感激到「上面下面」一起哭給他看，比身材好的女人更奮力賣騷！

有的女人身材早就一極棒，還神經兮兮地挑剔自己，只是希望男友勤費唇舌肯定她。一般男人搞定這種女友，就只會一味地說說說；讓人難忘的男友則會聰明地挑她另一種優點來說──最好是肉眼看不出來的，例如多麼聰慧、多會調情、多麼會口交等等的（即便這些都很差也無妨），就是不提到身材，說些沒被讚揚過的，她才會更加印象深刻，以後才更有可能把這些做到更好！

男人做愛前一張嘴，女人是做愛後一張嘴，女人做愛後喜歡囉哩吧唆講個沒完沒了，男人先睡好像就該死，女人多半會要求來枕邊細語一下，讓女人難忘的男人其實只是丟幾個永恆真句給女人：「真的嗎！」、「那妳一定很開心！」、「不管怎樣，妳很有魅力！」、「明天通個電話吧！」、「吃宵夜嗎？」就OK了。女人只是想跟機關槍一樣說說說說而已，有慧心的男人就只需要聽聽聽聽聽就好，不必思考太多，畢竟她的問題也不是男人喇屁就能藥到病除的，她不過是要男人的參與罷了，越是每一句都「嗯」一下，她越

滿足得天旋地轉，超好應付！

　　還有一種男人，也讓女人痴心想念，就是擁有「唯一」或者「第一」的事蹟：可能不是「第一」個讓她破瓜的，但卻是「唯一」發現她有其他性感帶的；可能不是「第一」個帶她上HOTEL的，但卻是「唯一」在HOTEL幫她慶生的；可能不是「第一」個讓她墮胎的，卻是「唯一」堅持要娶她的；可能不是「第一」個發現她G點部位的，卻是「唯一」讓她潮吹的……當女人越來越成熟，「第一」慢慢會被「唯一」取代！剛開始，「時間」雖然沒站在男人這邊，但，只要懂得以技法換取時間，雖來不及奪取肉體的首戰，但時間久了，世界終究會站在你這邊的！

　　還有一種男人很殺女人，就是讓女人很有成就感，覺得「這人跟我做愛後，好像改變了！」女人很愛改變男人，在外表上改變不了，就想在內心改變。尤其在性愛上，男人適時誇獎女人，分享跟她親熱後自己有多快活，就是發揮那句賤話：「這麼舒服的感覺，我要是以後享受不到了，怎麼辦？」的精神！女人比男人更渴望這份優越感，你越把女人當成開啟你性愛世界的一把鑰匙，她就會想：「我只使出三分力，你就這樣爽歪歪，等我火力全開，包你癱瘓！」女人驕傲得胸口都要炸開了，她會不斷精進自己的性愛技巧，目的就是讓男人把她當性愛女神──這樣的男人會激起女人的鬥志，好像她催生了這個男人，你就是她的作品，她能忘得

了你嗎？

有些男人做愛後，不單單只是自己沖洗，還會幫剛剛操到腿軟的女友全身沐浴一遍，很攻心吧！這種男人不多見，一出場就讓女人永生難忘！女友做愛完只需要像充氣娃娃般乖乖躺好，男人就會拿卸妝棉替她洗去殘妝，用毛巾一遍遍擦拭乾淨，再領她去浴室，頭枕著浴缸邊緣，細心地梳洗秀髮，最後再溫柔地替她洗澡。

出浴室後，重點來了，男人還幫她吹頭髮！你別以為很簡單，不知為何，男人幫女人吹頭髮，不是燙到頭皮就是燒爛耳朵的，因為男人都是拿個吹風機亂七八糟甩尾，眼睛盯著電視機，看到想看的節目，注意力被吸引走了，吹風機就停在頭髮某處，過不了幾秒，就能聽見女人跟殺豬一樣的叫聲了。如果你能順利地幫女人吹頭髮，讓她可以坐著翻翻雜誌，偶爾抬起臉來對你笑，一點都不用擔心時，你已經被她刻在心版上了！

做個男子漢，不只要深深進入對方的身體，更要深深進入對方的心靈，就算分手，也要讓對方留下好印象歸去，甚至將來誰也取代不了你的地位，這才是真男人該展現出的性愛霸氣！

當時，真的好糗……

誰做愛沒有尷尬過？在這些性愛的尷尬時刻裡，男人，你在做什麼？

■　■　■　■　■　■

　　男人的內褲，常是尷尬來源。有個朋友即將與男伴展開一夜春宵，扯開皮帶後繼續要扯下褲頭，卻發現男人內褲穿反了，不但正反穿反，還前後顛倒！她看了實在想問他：「這樣穿了一整天，你不難過嗎？」尤其看到內褲後方的MARK就這樣翻在肚臍上方，還脫線，真的糗到爆！

　　這時候男人的反應就很重要了，穿反有啥了不起呢？不妨一笑置之，表現出「我不怕，我最大」的豪邁，自在地脫下內褲讓「藍鳥堅尼」飛出來，展現率性的男子漢氣度，絕對能化解尷尬，女人也會更迷戀你的大無畏氣魄！

還有一種情況是：不知為何，女人幫他搞了半天，老二都沒起色，這種情形說實在的很常見，女人其實也沒在大驚小怪了，反正夜很長，就陪他耗，耗到他「一根紫竹直苗苗」，就可以「送給寶寶做管簫」。但有些不冷靜的男人就慌了，硬是要把女人壓到毛叢裡，要她用力吸，好像「重壓之下必有勇夫」一樣，搞得女友快不能呼吸，掙扎著抬起頭來，嘴邊還飄啊飄著一縷毛！

　　有的男人會開始解釋：「因為昨晚應酬、最近太累、剛剛運動完……」我看，連兩岸政經社會案件都會影響到他的老二彎度……這樣實在不夠穩重，只會讓場面更難看。女人這時能說啥？安慰他嗎？可是，她都需要他安慰了耶。建議男人發現自己弟弟不行時，就先安撫妹妹，不要越描越黑，要有自信，反正太陽下山還會爬起來，很快就會UP～UP了！

　　女人幫男人口愛時，也會遇到尷尬時刻。有個戴隱形眼鏡的女性朋友，近視九百度，做愛時怕看不清楚對方，所以眼鏡也不取下來，結果因為一直閉著眼睛，角膜太過乾澀，口愛到一半，一眨眼，隱形眼鏡居然就「啪」地掉了出來，硬生生地「停」在男人龜頭上！她驚聲尖叫地「啊～～」了一聲，正在銷魂的男友，不知道發生啥事，弟弟嚇得瞬間縮進去（連肛都縮了吧）。說時遲那時快，隱形眼鏡一下子被「捲」進包皮裡，「啊～～」這下換成男人大叫了，邊縮腳邊搗著下體，「腳打開啦！我要找眼鏡！」女友瞇著眼，

一邊「手拉胚」，一邊注意隱形眼鏡有沒有再度被「捲」出來，比在機場的行李輸送帶上找行李還專心！

男人若鳥騷味很重，有時也會讓場面很難看。我聽說，有些女人還會真的搗著鼻子，實在蠻不給面子的。男人只要發現自己的女伴頻頻在「下面」深呼吸，就要知道去洗一洗了，千萬不能硬把「臭棍」嘟到她的嘴裡，或是壓著她的頭不讓她亂動，請溫柔地告知女人，你想跟她去沖個澡，讓大家舒服點。她會覺得你真是天底下最體貼最有自覺的男人，洗刷刷回來後，她會補償到讓你噴到破表喔！

有些情侶很怕一起洗澡，尤其身材不好的女人，她寧可把對方戳瞎，也不願意在昏暗的燈下一起洗。男人千萬別聽什麼坊間「男女性事」那種書上說的，看到女人害羞就要一直說：「妳好美，妳身材很好，我喜歡妳的身體……」之類的鬼話，除非她是真的身材好，只是沒自信，那麼這一招就管用；但如果她腰部肥肉鬆動如火山爆發之土石流，或是小腿比你大腿粗，你說這種「妳身材很好」的騙鬼話，她難道不知道你在唬她嗎？

讚美與諷刺往往一線間，女人在身材這方面真的很神經過敏，不要輕易褒，更不要輕易貶，只需要當作「不能說的祕密」，自然地幫她洗澡，好像你只是在洗杯子般自在，什麼都不用說，只要看著她的眼睛微笑就好！這樣女人跟你共浴

就不會那樣尷尬，也不需要一直吸氣縮小腹，或是為了不讓你看到她的肥肉，不斷轉動身體，女人心情一放鬆，什麼都好辦！

好不容易上床了，一伸手，該死，保險套沒了！這時候已經不是交代其他存量去向的時候了，識相的男人會趕快穿上褲子下樓去買，不要省那一點時間不去喔。台灣的便利商店密度很高，轉角、樓下、對街就有一家。臨走前如果能問一句：「妳要不要喝什麼飲料？或吃什麼點心？」相信女人會感到特別窩心！如果發生上述隱形眼鏡掉落的事件，男人不妨也去買生理食鹽水，或乾脆跑遠一點，買付拋棄式隱形眼鏡暫時讓她撐著，不要說什麼「不然妳就戴眼鏡做愛好了」之類非聰明人說的蠢話。

還有，補貨請速去速回。別看到什麼鹽酥雞或滷味，就買個一百兩百的回來；或是路上看到一群人正在排隊買上期頭彩沒開出的彩券，就打電話回去問女友：「要選哪幾個號碼？」拜託，女人光溜溜地在床上等耶，你還在街上鬼混，有良心嗎你？有些男人去超商後，東逛西逛，還順手買本漫畫單行本，你說宅不宅？但是呢，男人要是買瓶紅酒回來，感覺就上道多了，也能延續之前的甜蜜氣氛，又能化解尷尬──上乘的男人就是懂得如何替女人轉換心情！

還有一個時刻也頗尷尬，就是完事後要拿衛生紙擦拭，有

些加油站的面紙，材質太薄太爛，射完亂擦一通，屌上就會黏著一堆屑屑，男人千萬不要低著頭在那邊撥啊挑的，很醜啦拜託，請直挺挺地走進澡間立刻沖掉吧，才能維持你在女人心中的神風印象！

有時，性愛觸動到的心靈深處或是太興奮或太激昂，不管男女，都會不由自主地哭出來。這時往往是最關鍵的時候，情人能不能把心交出來，常常是看哭泣時對方的反應。有些女人看到男人哭了，立刻煞有其事地坐起身來，像精神治療師附身一樣，替男人從孩童、青春期、初戀……等等一路分析下去，一直勸男人「說出來啊，寶貝，說出來會好過一點……」，搞得男人壓力好大，「我不過只想哭一下，妳問這麼多幹啥啦？」

有些男人，看到女人臉上掛了兩行感動的清淚，居然很煞風景地盯著她的臉說：「咦？我剛有射到妳臉上嗎？」這下，女友真的要嚎啕大哭了！「難道你就不能抱抱我，親親我嗎？」情人在床上哭泣，本來就已經很尷尬了，最好的應對，就是盡可能廢話少說，兩人只需要好好地擁抱就好。

這些性愛的尷尬時刻，有時讓人火大，有時讓人屌大，有時會導致分手，有時能破鏡重圓，好壞因人而異，有些無聊女人就愛在這些重要時刻打分數，男人得反向操作，將這些尷尬的瞬間，逆轉成大好的表現機會！別緊張，女人在乎的

不是尷尬本身，而是男人面對尷尬時的態度，男人最可貴的
就是態度，落落大方的態度才是女人最渴望的，也最吸引女
人的！

親愛的，你今天打手槍了嗎？

最體己的簡訊，是情人來一通「親愛的，你今天打手槍了嗎？」最貼心的舉動，是情人悄悄地幫你把衛生紙盒擺在電腦桌前……

■　■　■　■　■　■

　　女人為何無法理解男人打手槍的樂趣呢？事實上，這就像男人痛恨陪女人逛街一樣，到死無解。

　　女人不愛男人打手槍的最大原因是：有了她們，幹嘛還要打手槍？「那我存在的意義在哪裡？」——這是比較理性的女人的想法；「你把老娘放在哪裡？」——這是比較激動的女人的想法。女人總是希望獨占男友的陽具，生是她的屌，死是她的鳥，放著可口的她不吃，竟讓「五姑娘」占了便宜？這……說不過去嘛！

　　另一個讓女人生氣的原因是：男人邊看A片邊打手槍。女

人多半不能接受男人能對另一對奶子、另一條大腿勃起。女人如果發現A書被不明液體沾黏起來了，不是焚書坑儒，就是跟女鬼一樣哀怨，懷疑自己是否魅力盡失？這是自信與自尊的問題，常看兩性書籍的女人，還能扯到男女大腦組織不同的宇宙性差異。就算男人安慰她：「先看了A片打手槍，下一次見到妳，才會更興奮！」女人還是會對AV女優生悶氣：「你就是喜歡她，才噴給她啦！」一旦有莫名的「假想敵」出現時，女人只想去之而後快！

另一種情形更讓人吐血。明明才剛做完，但男友還是得獨自「再來一下」，才算ENDING。有個女性朋友愛愛完睡著了，醒來竟然看到男友鬼鬼祟祟地在漆黑中盯著電腦打手槍，螢幕的青光閃在他猙獰的臉上，簡直嚇死她，心中不禁冒出萬千疑問：「是沒吃飽嗎？」淫鬼也不過如此，想來是又震驚又沮喪。不過女人倒是可以接受男人辦事前，先去浴室自己打一發，再回來打真軍，聽說這樣比較持久，不會輕易潰堤。

即便女友抗議，即使炮友不斷炊不斷糧，於情於理，男人還是無法終止自慰的行為，只因打手槍好處多多，箇中滋味，如人飲水。

最常見的理由是方便。在繁忙的工作後，只想自己簡單地開心一下，並不想劇烈運動，也不想麻煩其他人。如果適逢

大風大雨大半夜，女友不在身邊，但是熊熊想做愛，怎辦？遠水救不了近火，就當機立斷，提起右手自己上！打手槍，像加班時的一個三明治，解決飢餓感之後，就不會再胡思亂想了，可以繼續工作睡覺看書上網，甚至出門開會談公事，看似無情無義，其實是圖個乾淨俐落，一顆子彈就可以解決的事情，就不必浪費第二顆。「但女人就是不懂，愛鬧得很。」一個男人遺憾地說著。

更多時候，打手槍不是因為不愛對方，相反的，是因為太愛對方了。最常見的是，當天身體狀況很破，隨便上場實在有失水準，怕滿足不了最愛的女人，與其屁了一堆甜蜜兮兮的情話，搞了一堆纏綿悱惻的前戲，最後還讓對方失望，不如自己靜靜排掉。太有責任感，做愛反而變成甜蜜的負荷，「對男人而言，『沒關係』總是比『你很差』來得更尖銳、更悲情。」又一個男人遺憾地說著。

肉吃多了，總想吃青菜。但基於忠誠，不想玩「野花」，怎辦？自己來最安全！雖然粗糙的手掌跟柔軟彈牙的陰道比起來，還是差距頗大，但至少鬆緊由己，快慢自調，反正人都是犯賤的，DIY久了之後，想起「家花」的好，過幾天與女友愛愛時，想必會更加天火焚城。日後不幸罹患帕金森氏症，手也只需要握著托著，就可以瀟灑抖出一片天！可說是進可攻退可守，利多於弊！

鳥來伯並不覺得男人打手槍不好，相反的，懂得用打手槍排遣寂寞的男人，才算真男人。甚至在性愛時，光看男人自慰就夠過癮了，那是何等坦誠相見的親密！男人也該說服女人，「自己來」並不表示對她沒興趣，如果她對你感到懷疑，就打給她看吧，用充滿愛意的眼睛，邊DIY邊電死她，甚至教她幫你打手槍。許多女人擅長「口愛」，卻不太會「手愛」，這功課就要靠男人來指點了，畢竟她也會有性趣缺缺的時候，這時候，就一起打吧！

　　鳥來伯問過很多女人，女人的情緒卡在「打手槍」這件事上時，還不如男人來個擁抱，陪一頓晚餐，給一段深吻，來得讓她放心。「自慰」這件事，可大可小，女人也不過是賭一口氣。男人愛打手槍就像女人愛逛街、聊天、喝下午茶一樣，是身心的整合，不見得要跟愛人在一起才能完成，跟愛不愛對方也沒啥多大關聯，能夠快樂無憂地打手槍，跟自在開心地逛街一樣，都代表一種獨立自主的人格——不假他人之手，自己安頓自己。有些女人一忙起來，還巴不得男人自己搞定自己呢！

　　有句話說：「每天早上醒來想到的第一個人，就是你這輩子無法擺脫的。」許多男人是摸鳥而眠，摸鳥而醒的，常是腦袋空空，摸了自己一把才感覺存在。這舉動是伴隨一生的，尤其當所有的戀情退去，還是只有「五姑娘」最忠心，招來喚去，從不擺臉色。上等男人不會因為女友不喜歡，

而躲躲藏藏DIY，反而會教導女友，引導她自慰，開發女人自己的神祕地帶。慢慢地，她就會發現，男人自慰像打靶遊戲，女人自慰像摸彩遊戲，是何等好玩，何等平凡中見偉大！

沒愛人時，打手槍是雪中送炭，有愛人時，打手槍是錦上添花。或許，對男人而言，最體己的簡訊，是情人來一通「親愛的，你今天打手槍了嗎？」；最貼心的舉動，是情人悄悄地幫你把衛生紙盒擺在電腦桌前；最識大體的女人，是看到男友在廁所裡「把握良雞」時，不大驚小怪、花容失色，而是悄悄地將門關上，讓他打得安心。不要等到明天，不要等她有空，現在就把書放下，去打手槍吧！

男人的頭髮

女人說龜毛很龜毛，說寬容也很寬容，在女人心裡，頭髮往往能直接反映男人有多重視自己。

■　　■　　■　　■　　■　　■

　　問過許多女性朋友，其實對男人的頭髮還蠻寬容的，在清潔、整齊、美觀、時髦等多重標準中，光光就「乾淨」這一項，就夠難達成的了。

　　有些男人雖然洗了頭，但不知為何，走出澡間肥皂泡沫還在耳際，真懷疑他是怎樣沖水的？有的男人頭髮天生泛油也不好好處理，再加上頭皮屑，兩者合流簡直糟到無以復加。其實有頭皮屑很正常，有此症頭的女人也一堆，好好處理就好，女人反而很能諒解頭皮屑男。

　　最怕是碰到那種油光巴拉，活像一條臭膩抹布的頭髮。鳥

來伯認識一個髒男人，高大帥氣，長髮如瀑，齒白臉俊俏，但就是不愛洗頭。平均四天洗一次，像不像古人或產婦？就算去燒烤店回來，頂多只用吹風機把臭味吹掉而已，頭皮屑黏固在髮梢上，狂風也吹不掉，十分緊實。他只要剛洗完頭，一定是秀髮飄飄，過一天就綁髮尾，再過一天就帶棒球帽，這時候我們就知道他多久沒洗頭了，自動閃遠就對了。一般人撐個兩三天才沖水，就臭得滿頭大便著蠅飛了吧，能拚到四天的頭，真的算上乘極品。

此帥哥為了掩飾他的抹布油頭，總是燙捲髮，「這樣又可以多撐一天，因為再怎樣油，就說是頭髮的保濕露擦太多就好！」不過我們都覺得：「最好是保濕露可以擦到頭頂跟瀏海咧！」因為太油了，髮線就像一條油水溝，頑垢渠道分明，亮到點火就會燃燒的程度。

不過，到底他還是個帥哥，有時候也會嫌自己瀏海飄出一陣臭，上班到一半會去廁所洗前額的瀏海，然後……再撐一天。這又是哪一招？無法想像女友與他做愛的畫面，被這種油滋滋的馬尾掃到，暫時停止呼吸都不一定來得及，應該比被潑硫酸還緊張吧，畢竟誰能忍受一條臭抹布攤在床前呢？

大學時有個男同學，天生捲髮還不安分，偏偏要去燙個大爆炸頭，大家知道「自然捲加爆炸頭」那就是「原子彈加101煙火」，整個頭就跟刷鍋子的鋼刷一樣「大朵」，很多

人都開玩笑地問他家的鍋子是不是都頂在他頭上洗的。有一次，他在房間裡梳頭，結果室友從房裡衝出來說：「我也要吃蘋果！」原來是他在梳那粒鋼刷頭的聲音，實在太響亮了，讓室友誤以為他在削蘋果！

他那顆鋼刷頭，可是專門剪斷情人手指的，做愛時他又喜歡要求女友把手指伸進去撫摸，也不想想那可是上刀山的危險事，可比滿清十大酷刑之手指滾釘床。女友身體一邊被爽快地撞擊，手指一邊被他抓著硬往鋼刷頭裡頂，做完整根手指又紅又爛，讓人以為她幫男友打了一整天的手槍。

有頭髮多，就有頭髮少。除了不舉，男人的第二個致命傷就是禿頭，這大概跟女人害怕肥胖、曬黑、老化等等是同等重要吧。其實禿頭的男人很可愛，尤其地中海圓形禿，像極了貼在頭皮上的水晶肥皂，肉肉亮亮地，讓人真想摸著滑來滑去。

有個朋友就是這種「肥皂禿」，很像古早漫畫「小亨利」，光溜溜到讓人擔心她的女友做愛做到爆點時，不能抓頭髮，是否只能摳頭皮呢？但其實不是，他的女友反而因為這樣，做愛時改用指甲搔他的頭皮，細細柔柔地產生非常色情的觸感，變成兩人獨有的催情方式，化禿頭為情趣。

但能這樣智慧地看待禿頭的情侶，畢竟很少。有時候女人

的安慰對男人而言，反而刺耳。男人自己看不開也是一大問題，最典型的是有個禿頭朋友，硬是喜歡把頭皮上僅存的幾根毛，左右左右地仔細分邊，每次只要女友煞有其事地指著他的天靈蓋說：「喂，你毛囊跟毛囊距離好遠喔⋯⋯嘻！」他就會嚇得差點跌坐在地，完全軟屌。奉勸女性朋友，在男友的「禿頭情結」還沒減緩之前，開這種玩笑得要拿捏好分寸，避免對男性自尊造成永久性的傷害啊。

除了頭髮，女人也很在意頭很大。男生頭大代表一種陽性的象徵，挺多被嘲笑就算了，女生頭大就真的很慘。我有個朋友因為頭很大，跑去燙離子燙，看看頭會不會比較不蓬，沒想到整顆頭反而顯得更加巨無霸，以前覺得頭大是因為頭髮燙捲，後來燙完離子，發現頭髮不多，頭卻大得更加像水桶——顯示她的頭是真正的實心！沒得救！她男友也常以此自嘲，別的女人做愛完把頭埋在男人胸前休息，是小鳥依人，他卻像端了顆大西瓜一樣，沉甸甸地很占空間。

女人在頭髮上常有比較強硬的主見，有時會拖著男友去沙龍變髮，在一旁跟髮型師交代她希望的男友髮型，搞得對方好像小孩一樣呆呆地被改造。有時男人的臉並不是金城武，卻又要被指令變髮成金城武的不羈髮型，還被要求回去後要用髮臘抹半天，把頭髮抓成跟乩童一樣，讓大剌剌的男人感覺上髮廊就是跟自己過不去。

或許男人只想要自然簡單，看得出五官的髮型就好。這一點，鳥來伯真的蠻同情男人的。就像有時候有些女生的頭髮，塗滿了髮膠，或是SET成很奪目的造型，實在很難想像做愛時男友該怎樣撥弄，過分美觀反而阻擋了性愛的自然與隨性。

　　不過，女人說龜毛很龜毛，說寬容也很寬容，只要不太OVER，這種外表的問題都能輕易過關，只是某些男人太不修邊幅，才讓女人大為光火。在女人心裡，頭髮往往能直接反映男人有多重視自己，做愛前把自己打點乾淨，是一種禮貌與體貼，女人其實並不太苛求對方剪什麼頭髮，練了幾塊肌肉，只要乾淨清爽健康，大家先禮後兵──既然你這麼有品，那等一下絕對讓你好好地品我！

這些怪怪的男人

有特殊癖好的男人，其實是可愛且令人眼睛一亮的。會被說成「怪癖」，或許只是沒找到可以與他們共同經營或玩樂的床友罷了……

■ ■ ■ ■ ■ ■

有性愛怪癖的男人還真不少，聽到他們的創意事蹟，常讓我感到自嘆弗如，佩服萬千啊。

摳咬癖

聽許多男人坦承自己有「摳咬癖」，但令人眼睛發黑的程度因人而異。摳咬對男人而言，似乎是一種占有的表示，就跟小狗撒尿一樣，硬是要把女人咬得青一塊紫一塊才算「我有來過」，這種「愛咬」的地主心態，在性愛上其實是挺甜蜜的，但是太過分就超機車。

有朋友遇過一個牙尖嘴利的傢伙，不知道是她皮嫩還是他

老大牙賤，喜歡從鼻子開始咬，把她鼻頭咬得跟紅蔥頭一樣，然後舌頭探進鼻孔裡面像舔冰淇淋一樣來回舔啊舔的，整個鼻孔包起來死啃。再繼續走馬看花到身體其他部位，在鎖骨上硬是留一道牙痕，然後看到乳頭就發狠一樣地咬，搞不懂是來做愛，還是吃東西？有光咬乳頭，就占了整場時間的三分之一，她整個人就晾在那邊等他吃完奶，乳頭都脹得像產婦了！

好不容易嘴巴游移到別處，又開始吸吸啃啃，整個後背被啃得不輸岳母「精忠報國」的痕跡，題字也不是這樣搞啊！總之就是一場愛做到最後，傷痕累累，從頭到腳像是拔罐過，冬天就算了，夏天要穿得很清涼，一身紅腫搞得很像家暴耶！

虐待癖

我知道有一類型的男女很喜歡SM，這種「性愛險中求」的遊戲，很多人實在很怕怕，雖然適當的SM有時候還挺能助興，但是對於崇尚優雅性愛的女人，太OVER的SM，很多時候是敬而遠之。

A片裡有些男優會一邊做愛還一邊抓女優頭髮，尤其射精時候喊著：「啊啊啊～來了～～來了」，死拔活抓女優的頭髮，讓她同聲：「啊啊啊～～啊啊啊～～」看片的男人跟著一起學，也學上癮了，女友果真像片裡一起爽，甚至叫得更

大聲，讓男人更加賣力地拉扯，殊不知女友叫是因為痛到要掀床了！鳥來伯好同情跟他做愛的女人，長期做下去，頭毛沒被抓到地中海也差不多雄性禿了吧。

還有的男人，一開心就會猛掐女人脖子，非要女人快斷氣，眼睛直直往上吊，演出快死的戲碼，他才會鬆手，這是什麼儈子手心態？還有的喜歡打女人屁股，我覺得打屁股很好玩，輕輕打幾下挺助情趣的，但那男人好像機器手，不知道適可而止，一打就打上癮，不會停耶，像以前包青天的一百大板那種杖刑，還要一直問女人：「痛不痛？寶貝妳說啊，痛不痛啊？寶貝？」就像在問：「大膽刁婦，本府問妳，妳招是不招？」當然痛啊，打夠沒，打在兒身痛在娘心，我遠在故鄉的阿娘都感覺到痛了啦！這種不知進退的SM，有時候反而會有反效果，要小心拿捏。

好食癖

不知道你是不是「做愛前一定要吃啥，不吃就不能做愛」的那種人？我說的不是壯陽藥或避孕藥，就是普通的食物喔。

有個男性朋友，做愛前一定要吃牛肉，不是啥宗教信仰，就是吃完牛肉他才會發狠地「想要」，如果沒吃到，那天就做得有氣無力。我相信這是心態所驅使，但他的女友就很煩，過餐時候突然想做愛，還得陪他去包牛肉飯便當帶到賓館，等他吃完、消化了，才可以寬衣解帶。如果晚上要做

愛，連著兩餐都得吃牛，「到後來，我常覺得做愛時，他身上發出的汗味，都有青椒牛肉的味道哩！」分手後聞到牛肉味，她總會沒由來地想到那個「牛老大」，便心頭一陣噁爛。

這還不打緊，同事的男友，做愛一定得嚼口香糖，整個嘴巴啪滋啪滋地上下不停嚼動，那吊兒啷噹的死樣子，討不討人厭？有時候嚼一嚼還會不小心掉出來掉到她肚皮上，那就算了，他還再撿起來放回嘴巴裡繼續嚼，噁心過界了！同事問過他：「不嚼會死嗎？」他說，不吃就不知道該怎樣抽動，「那韻律就不對了！」我同事還信以為真。不過鳥來伯建議她，下次做愛前，不如請男友提供魚子醬跟松露，如果沒有吃就做愛的話，「那韻律就不對了！」

場所癖

有的男人有場所癖，很愛在一些奇怪的地方做愛，不過這是正常的，有時候換換口味，搞車震或是在電梯裡嘗鮮，都是A片常有的情節，那刺激是無可厚非地向上攀升的。

可是，有種「場所癖」是固定在某個地方，不容許換地點，久了就很無趣；另一種完全相反，做愛時一直得換場地，房間→客廳→浴室→陽台→房間→客廳→浴室→陽台，一直跑來跑去不輸大隊接力，明明是做愛，為何搞得跟奧運一樣累？

朋友說她交往過一個男生，他們從來沒在床上做愛過喔，每次都在浴室站著或是躺在浴缸裡做，既不舒服又不安全，常常差點滑得鼻青臉腫，但那男人卻樂此不疲，甚至想在浴室加裝無障礙空間的安全手把。她幾次提議回到床上，男人都說：「在浴室裡面比較有感覺……」大概是那種水氣瀰漫的環境，會讓女人看起來更嬌媚吧，只能這樣安慰她了！

　　有個男生，則是每次要射精的時候，就把女友拉到客廳的大門邊，要女友靠在門上，然後他趴在她背後狂放。因為他覺得一牆之隔，外面人聲鼎沸，小鬼、歐巴桑、歐吉桑來來去去，會讓他邊聽、邊高潮、邊覺得有「窺視感」，好像「背著厝邊鄰居做愛」。

　　但他的女友就非常辛苦，每次在最後關頭時，自己的腿都要廢了，還要被迫跟著男友下床「大遷徙」，沿路也要小心地上那些剛剛脫下、會絆腳的東西，不然膨脹到最高點，卻撲通摔個狗吃屎，那也很煞風景。

變裝癖

　　其實穿情趣衣物還浪漫的，變女傭變護士變OL變麻辣教師，女人大部分都可以接受，但喜歡自己上演變裝秀的男人，就會讓女人覺得愛恨交加。例如迷上電影《印地安那瓊斯》的造型，瘋探險服裝，堅持牛仔帽跟馬靴都不能脫下來，抽送時，牛仔帽險些滑落，他還會要求女友用手幫他壓

住，一定要全程表現好萊塢風格就對了，到最後把床單搞得一堆鞋印，還以為自己在拍A片咧！

有位朋友講到男友想在生日時給她驚喜：那天她回到家，準備已久的男友突然從房間竄出，臉戴魔鬼面罩，中空連身吊帶褲，裡頭還藏著金光閃閃的不知道什麼驚人配件，妖里妖氣的顏色險些刺瞎她的眼睛。

她男友還很敬業地配合服裝，將手按在屁股上邊扭邊狐媚地笑，她嚇到差點尿失禁。尤其當吊帶褲拆掉後，兩片屁股間蹦出一條閃炫金縷丁字褲，前頭一堆豹毛晃啊晃，腰上還綁著鈴鐺……。「到底是人還是鬼啊？」男友看見她臉部出現戲劇性變化，亢奮至極，順勢把燈一關，小毛褲瞬間發亮了起來——原來是螢光材質呀！望著穿著比擬三太子的男友，「再下來，不會連乾冰都出現了吧？」那瞬間，她冷感了……

許多原本不喜歡穿情趣內衣的女人，看到男友穿著粉嫩閃亮的催情衣物，或是大象等叢林動物的內褲示愛，不但不會感到熱血沸騰，反而難受不堪，對方原本神勇的魅力也消失殆盡。可是，看在對方為了增進床第樂趣如此努力，誠意可佳，只是「這種東西還是女人穿比較順眼耶」。

鳥來伯覺得，這些有特殊癖好的男人，其實是可愛且令人

眼睛一亮的。會被說成「怪癖」，或許只是沒找到可以與他們共同經營或玩樂的床友罷了。所以，適度操作怪癖其實很好，那會變成個人獨特的性愛風格、與眾不同的性愛競爭力，讓情人念念不捨，讓情敵自慚形穢！

許多人也在這種「怪癖」交流中，發現原本嚴謹的自己，也可能開發出未知的一面，「噢！原來我也可以如此變態」、「噢，我還不夠狂野嘛！」這樣層層堆疊後，相信我們都可以找到性愛上又禽獸又浪漫的個人魅力！

精光閃閃論男人

最難忘的射精，常在危險莫測的時空發生；最遺憾的射精，是對方射了而女人卻不知道；最惱人的射精，則是射在不該射的鬼地方⋯⋯

■　　■　　■　　■　　■　　■

有些女人會用精液量來判斷對方是否按時繳械，但稍微長腦的女人都知道，這是萬般不由人的。

久未做愛，射的一定比較多。如果一早打過槍了，晚上大概就意思意思射點出來交差一下。也不是每次射精都能鮮滑濃稠，有時稀到一個度小月也不用稀奇，這跟男人當時的身體狀態有極大的關係，不是特別愛妳就可以夜夜射到濃醇香，相信許多女人應該有這個認知，要從「精光黨」來分辨男人出軌與否，實在太強人所難。

射男 1 ── 中出

「中出」就是射到體內，有人稱之為「內射」。是不想活了的人，喔不，是不怕有「種」的男人會幹的事。中出最容易滿足男人的占有慾，也就是用徒子徒孫將女體從陰道到子宮頸完全充飽，但是女人通常對中出沒啥感覺，除非是異常敏感的，會感覺到「有東西噴進來了⋯⋯」不然，如果不是男人快射時快速抽送，或是自己先大喊「我來了！」，女人是不太會知道的。

有的女人也會配合男人中出，喊一些應景之詞，例如：「這次射好多喲！」或是「好燙喔，燙到我裡面了！」讓男人一整個覺得偉大而迅速潰堤；男人也很喜歡在女人抱更緊的時候加速抽插，給她更激烈的愛撫或親吻。最美好的就是高潮完後，都還黏在一起磨蹭。

有些男人要中出，也會看對象。不想留種的，還真的不會中出；遇到喜歡的女人，也會考慮「出」一下，如果感情只是爾爾，就連中出都不想，因為「不希望留下什麼在別人身體裡」，這大概是一種潔癖心態吧！

對心愛的女人中出有時很危險，因為一射就沒理智了，會想頂到肺喉，一不小心就太用力，反彈衝撞容易傷到女人幼嫩的內部。但這也是可遇不可求，許多情侶得翻過來覆過去把安全期算到爆了，才敢中出或內射。這種機會得來不易，

加上女體特有的溫度與緊度，身心的急速沸騰下，使得男人對於一個月只有幾天能夠堂而皇之地射門，感到無比期待、渴望與滿足。

聽說，中出之爽快，跟射在套子裡的感覺是天壤之別，其實，女人的感覺也很不同的。那體液交融的親暱程度、熱呼呼燙辣辣的暖流交會、麻瘋子宮的真實存在感，對女人而言，未嘗不是做愛的至高境界。

有些男人在體內射精後休息一下時，突然低頭看到方才射出的精液汩汩地自女人洞口流出時，會下意識地感覺到興奮，此等色情衝擊讓男人很快地又能雄風再起。所以，有時候女人不立即沖洗，反而散發率性與隨意的魅力，有助於刺激男人發動下一波攻勢。男人在插入時，頑皮地讓兩方的體液摩擦出嘰嘰噗噗的聲音，讓女人聽到這種潺潺水聲，瞬間癱軟，也是利用精液增加親密感的一種方式。

射男2 —— 顏射

「顏射」是每一部A片都會有的經典橋段，看久了雖然有點小膩，但這是會讓男女一起受到刺激的射精方式。

顏射就是男人快要射的時候，趕快拔出來射到女人臉上，有默契的女人就會順勢閉上眼睛，避免精液流入眼睛裡。更上道的，還會用手指沾臉上的汁液品嘗，讓男人在射精的當

下，視覺得到無限的滿足。但，許多女人很抗拒這種射法，認為有點貶抑成分，尤其是等一下又得回辦公室上班的女人，還得把妝卸掉再出去，未免太過麻煩。

有的男人則是一開始不講要顏射，等到快射了才抓著老二拔出來在女人臉前亂晃，跟闖進超商要店家把手舉起來的搶匪一樣激動地說：「我……我要射在妳臉上……啊……啊……咻咻咻～～」女友在沒被告知的情況下，來不及做好準備，子彈就四面掃描了，有夠沒禮貌！

能夠進行「完美顏射」的男人，也是不多見的，這跟「能不能對準臉頰」有絕大關係。無法準確地射到T字部位的中央地帶，而隨便就抓著屌在女人臉上亂開槍，這種破爛技巧，跟讓女人「子宮外孕」根本沒啥兩樣！有時，清淡的精液不小心流到耳朵裡，女人還得學游泳隊員側耳單腳跳，將精液抖出耳殼外，真是千金不換大無奈……

射 男 3 — 口 爆

顏射的加強版，就是「口爆」，意思是直接將陽具塞進女人嘴裡射精，讓她嘴巴完全灌滿精液為止。

有些女人會吐出來，有些會乖乖吞下去，有些會不慎嗆到，有些會讓精液加上唾液，微微吐出一點，在唇瓣上像是口吐白沫那樣。口爆時，女人最能直接品嘗到精液的味道，

雖然人的精液酸甜苦辣會變，但每個男人還是有他獨特的「男人味」，就像女人下體的氣味一樣，喜歡就喜歡，不愛就不愛，沒話好多說。

女人常因為不願意被口爆，而跟對方吵架；有些則是因為被口爆時亂咬亂吸，讓男方哇哇大叫；有的女人為了彌補因生理期而苦悶的男人，半推半就地口交並且口爆；有些愛比愛計較的歐巴桑熟女，還會撇撇嘴說：「今天射的還真少咧！」完全是以精液多寡來論對方的性能力。

但許多女人卻九天十地搖頭怕怕，就算答應，能夠吞食下去的更是少之又少。雖然吞下去並不會有生命危險或懷孕等等問題，只是有些女人的刻板印象覺得那精液像生蠔般噁稠腥羶，有些則是怕奇異的苦澀滋味溢腦，更多時候，還有心理突破不了那層鬼擋牆。

朋友曾經遇過一種亂沒禮貌的男人，要求口爆時粗魯蠻橫，還會一直壓著她的頭說：「啊，來啦，喝吧！」搞得好像乾杯敬酒一樣，讓她感覺恥辱，強扭的瓜跟強爆的精都不甜，而且頭被壓著還熊熊嗆到，只要一次就夠噁爛了。

沒辦法，女人就是如此害羞敏感，請男人體諒我們怕受傷的心靈，女人需要時間，今天不口爆並不代表下次不能！

射 男 4 —— 腹 射

除了臉部之外，男人還喜歡射到女人的肚皮上，因為距離比較近，不像口爆或顏射還得站起來拖著快爆炸的下體，湊到女人的臉部位置。但有些人在腹射時，突然看到女生沒洗乾淨的肚臍眼，髒兮兮，覺得很噁，心裡直犯嘀咕：「下次還是換別的地方射吧……」有的男人射出後，會溫柔地在女人肚皮上搓揉那團液體，將精液搓揉到胸部，讓女人整身都沾滿了精液，也算是一種膠原蛋白SPA。

射 男 5 —— 背 射

至於「背射」，就是老漢推車後，男人直接射在女人背上，很可能因為女人頭髮太長而沾到髮梢，形成另一種髮膠。有人喜歡把女人硬壓在床上，像以前槍決那樣，從背後凶狠開炮；為了要讓女人覺得他射很多，還會偷偷吐口水到對方背上，「反正看不到嘛……」；有些男人在背射後，喜歡舔舐從女人背脊流下而沾滿精液的肛門口，讓女人的菊花又熱又癢。

射 男 6 —— 腿 射

戀腿癖的男人，常喜歡射在女人大腿上，讓精液順著女腿的曲線緩緩滑落，然後要求女人坐起身，用手指沾著一口一口舔光，或者男人自己彎下身舔。射到小腿上，則能一路舔到腳趾頭，算是高潮中的高潮！有些人喜歡射在膝蓋後側內彎處，大概是想看怕癢的女友膝蓋窩被舔精液時，身體歪

七扭八、表情欲拒還迎的可愛模樣吧！有些女人平常很難高潮，是在被舔癢處時，才會突然看到天光！

射男 7 —— 奇怪射

也不是每個人都喜歡射在女人體內外的，有些男人偏愛射向牆壁或床頭，大概有塗鴉的快感吧，在自家也就算了，如果是在旅館，清潔阿姨就很辛苦，或與女朋友去外縣市旅行借住朋友家，也不放過。話說回來，這樣的男人，以後誰敢去他家作客啊，手不小心摸到他家牆壁，可能會不住地懷疑：「你該不會……曾經射在這片牆上吧……」頓時一陣噁感襲來，跟小時候男生把鼻屎抹在課桌椅下，有何差別？

有人更奇怪，快要射精時，大叫後推開女人，直接往浴室跑，女友還以為他去上廁所咧，原來……他是要衝去射在馬桶裡。（奇怪，不是只有女生才要推開伴侶跑去浴室嗎？）

男人射精有很多古怪的習慣，女人面對男人種種的射勁，反應也都不同，有人被顏射時會甩頭擺尾，把精液流散到全臉，視為一種激情；有人則會把臉遮住，像是怕被毀容一樣鬼吼鬼叫：「不要！不要！」讓男人更想不顧一切加速衝刺；有人則是亂捏男人乳頭、亂抓男人胸膛，亂扯男人頭髮，想營造一種SM的殺氣。有的女人則是會淚眼汪汪地看著男人，好像很無辜地被○○××一樣，讓男人在下手之

餘，出現憐香惜玉的善心。但往往在這種表情的催化下，男人會翻滾得更快，射得更是無以復加！

　　最難忘的射精，常在危險莫測的時空發生；最遺憾的射精，是對方射了而女人卻不知道；最惱人的射精，則是射在不該射的鬼地方；而最美好的射精，總在兩情相悅時發生。請問，你的是哪一種呢？

如果，你只有五分鐘

有愛真好，有閒真好。有愛有人可做，卻沒時間搞，也算是一種文明病吧！

■　■　■　■　■　■

　　現代人什麼都有，就是沒時間。如果，只有五分鐘，你想不想暫時拋開忙碌的工作，與愛人好好來上一發呢？

　　有沒有發現，有時候心中雖很想妖精打架，但回家後卻疲勞一身，可能根本「起不來」；或是前戲才剛結束，就想打瞌睡了。在外打拚真的很操，回家又要操，想來想去，乾脆沖澡時自己打手槍解放算了，這種心態或許就是「無性生活」的開始……

　　性，是用進廢退的，常常處於「疲勞後陽具感傷」狀態，很快就根本連想都不想，甚至想到做愛，該大的沒大，壓力

反而越來越大。變成這樣的男女，我們不就廢了嗎？

所以，「短打性愛」這時就要上場了。短打性愛不是用短陽具做愛，或進入女器的距離不深，而是指「短時間打點上壘」。直接脫了褲子就來，隨時隨地，集中精神秒殺，自己也輕鬆，對方也能被撫慰，也算兩全其美。如果，打完了發現「咦？精神來了耶。」還能洗完澡後，再跑一次完整的流程，彌補剛剛因為「趕進度」可能遺漏的招式或感覺，不是挺好的嗎？

有些人覺得短打很遜，但鳥來伯覺得，這還不是普通人能做到的喔，不夠聰明跟有默契的情侶還玩不起來呢，要玩短打就要雙方能抓住機會，讓對方都興奮。（如果只有一方很HIGH，另一方覺得很無力，那姦屍不就好了？）

而且在工作的高度壓力中，短打性愛會強迫讓人在一段時間裡，拋開工作，集中心力，生活壓力越大，短打的反作用力越強。「既然我在老闆面前都這麼黑了，老子現在就啥都不管了，衝啦！」、「死客戶，不知道我有多棒是吧，我告訴你，我～～好～～棒～～」登高一勃，精如雨下，時間短，卻也讓女友體驗前所未有的力道，實在不知該感謝他老闆還是客戶？

有些女人也愛短打，尤其當沒有心力在繁複的前戲上時，

她還是想感覺男人在她身體裡面運動，甚至不達到高潮也可以。能夠「全套」當然來「全套」，但是當現實環境不允許時，短打也是不錯的，總是有吃到，只是速食而已。

但也有些女人覺得：「到底把我當什麼？隨便搞搞就走，我是你洩慾的對象嗎？」太過「目的性」，就像女人要男友陪她逛街，然後叫男人付錢一樣讓人不爽快。而且，短打性愛千萬不能常用，就像吃日本料理的「立食」（站著吃飯，吃完快閃，轉桌率高），偶一吃吃別有風情，但是天天站著吃飯，久了也會自覺委屈：何必如此心酸？

有時候短打的原因是，那天吵架，但還是想做愛，所以「不想看到對方的臉太久」，就眼一閉腿一伸地短打，不管「床尾」有沒有合，「人尾」要先來合一下。也有人是前戲技巧很爛，但是抽送技巧還不錯，所以「也不必前戲了，對準了就直接來吧！」有些人更狠：「做完也不必擁抱了，趕快做做沖涼吧，我還想繼續看電視呢……」大家寬容地「洩洩」指教，真是成熟又現代的都會人寫照啊。

能接受短打的人，都自認為靈活度比較高。就像餓了吃飯，渴了喝水，回歸到性愛最原始的目的——滿足慾望即可。短打很自由，而且驚喜連連，光地點就很好玩了，辦公室、電梯、車子、電影院，你想到哪裡都可以快速解決。最完美的外地短打姿勢就是男下女上，女人正面跨坐在男腿，

男人只須拉開拉鏈，用電流急急棒迅速加持，配上緊張的環境氣氛，女性在裙子的掩護下，立刻會有反應，當然，不穿內褲更方便。遇到意外情況，再快腳閃人，掩飾尷尬。

可別誤以為「短打＝草草了事」。其實，短打是指「短時間的性愛」，而不是「匆忙的性愛」，因此，沒能在「短時間」內達到「長時間」的性愛品質，那就是個「爛短打」。短打只是省略步驟，絕不能省略樂趣，正常性愛及其必要的感受，短打也應該要有。有些早洩男還會直接跟女生說：「眼睛閉上，我會很快……」短打對他而言，只是投機取巧的障眼法罷了。

如果你只有五分鐘，第一要務，應該是讓女友興奮（如果你不必為迅速勃起而煩惱）。至於女人該怎樣才會進入狀態，這得要問你，平日在做「全套」時，有沒有打好基礎，才能一擊中的，知道伴侶吃哪一味會有感覺。

男人得清楚情人的敏感帶、什麼方式她最容易潮濕、什麼體位最能高潮、說什麼話她最興奮、要怎樣有效率地邊做愛邊愛撫，她才能快速呻吟到有快死的感覺、怎樣抽送她才會潮水洶湧？在高潮的過程中，是要繼續抽送還是停止？短打後，她希望你抱抱她，還是各自起身各忙各的，或只需要抽根菸就OK？

這些都搞清楚了，才能進行有效率的前戲，讓短打更加順利，免得因為匆忙而敗興而歸。如果是無法迅速勃起的男人，就得保佑女友知道怎樣讓你在最短的時間內起立，用口用手，甚至類似角色扮演的語言刺激，都行。反正，就是得起來，不能打混。

跟短打很相似的，就是「打早炮」。清晨做愛樂趣多，男人不必擔憂「心有餘而力不足」，因為此時賀爾蒙指數高到破表，完全散發出原始的動物性，女人也把早上愛愛當成美容聖品，它給女人的滋潤，光彩度絕對勝過晚上三次與一針膠原蛋白。

想想看，與其一整天疲憊的工作後，只想一頭栽進被窩裡睡覺，不如一早精力充沛地將子彈上膛，**轟轟隆隆**來上一發。說不定因為女友開心，你還能在早炮後，吃到一頓她做的豐盛早餐，讓你短打後迅速補充體力。

早上短打會讓你一整天頭腦清醒、充滿活力，能讓人去上班之前，先從愛與滿足中甦醒。如果前晚正巧作了春夢更好，直接就把對方抓過來解夢了。一早短打，讓一整天都沐浴在春光裡，甚至會更期待晚上能有另一段美好的性愛。古人有交代，一日之計在於晨，鬧鐘調早三十分鐘，今天會因此不同！

所以，長跑樂趣多，短打也不錯，親愛的朋友，今早還沒做愛嗎？明天一早要開會嗎？那麼今晚來場短打吧，切勿放過一瞬即逝的機會，用你的五分鐘短打，讓心愛的女人獲得全世界吧！

超級HOTEL生死鬥

HOTEL不是天天去，男女都有各自嘗鮮的方式。花個小錢，就會得到久久未見的巨大報酬。

■　■　■　■　■　■

男女朋友去HOTEL，其實有很多樂趣，從一進大廳就很多學問。

像一開始在櫃臺，男人得要知道一個原則：女人經過櫃臺只在乎一件事，那就是快！快！快！CHECK IN的時間越快越好，廢話少說。有些櫃臺很愛跟客人裝熟，一進來就「陳董、梁董」亂哈拉，男人也白目，就杵在那邊跟著聊開了，「能不能趕快結帳趕快進房呢？」搞得旁邊等著上去QK的女人差點衝進櫃臺掐死他們！

有個男性朋友，笨到帶不同馬子上同一家賓館，櫃臺小姐

將資料輸入電腦後，抬起頭親切地問：「要跟上次一樣靠電梯的房間嗎？」他差點伸手扭斷她的聲帶。有人結婚週年帶太太去HOTEL，進去時老婆跟櫃臺說：「我們要有按摩浴缸的房間喔。」好死不死，櫃臺居然很沒腦地回答說：「有的，先生上回在我們這邊有登記過！」噹～～磚頭飛來，這些人不知道白目是會出人命的嗎？夠練達專業的HOTEL櫃臺，面對常客，見一百次也要得像初次見面，眼睛與語氣不能露出太多慧黠心思，否則會讓客人有「目擊證人」之感。

除了「隱私」，「速度」也是另一宗旨。最討厭的就是推銷住房券，凹你填資料加入會員，煩都煩死了，在櫃臺逗留蘑菇搞這些雜事，多不來勁！有朋友去HOTEL，遇到舉辦「來店送按摩棒」，已經說「不用」，櫃臺就應該閉嘴收起來，沒想到對方繼續推銷：「客人用了都說很好，走的時候還下來買去送人喔！」語氣真像三七仔在推銷小姐，整個格調都被櫃臺拉下去了。

MOTEL窗口的收費人員也要眼明手快，刷卡付現就即刻放行，有些窗口小弟看到名車駛入，還會探頭探腦地直往車內張望，不輸警察拿手電筒臨檢的模樣，這也犯了大忌。

北京奧運前，有些台北的HOTEL不知道在玩什麼花樣，不過就是櫃臺人員嘛，還一字排開都穿「奧運裝」在那邊喊「歡迎光臨」，讓人看到都傻眼，有的男人還興高采烈

地停在櫃臺玩刮刮樂抽獎去北京看棒球，「最好是有那麼好運！」等在一旁的女友非常怨恨。還有的HOTEL也實在很爆笑，櫃臺後面掛了七、八個世界各大城市時間的時鐘，居然沒有一個會動會準，真令人懷疑這家店的效率會有多好。

好不容易進房了，有些男人也很可愛，一時忘記自己要來放鬆做愛的，習慣性地把電腦拿出來，接上網路線，開始收發MAIL，專心地看著開會簡報，彷彿要捲起袖子準備工作，讓從浴室出來洗得香噴噴的女友馬上冷感。

有些人怕被偷拍，擔憂到一種「偷拍被迫害做作症」，在房間內東檢查西檢查，或根本不敢開燈，一整夜黑漆漆做愛，再不就硬要自己跟女友都戴上情趣面罩，搞得女友差點窒息，氣到覺得「被拍也比停止呼吸強」！

有些男人喜歡去HOTEL看A片，卻忘記了隔壁房間都有人，把聲音開得很大聲，「喔……咿……啊……」環繞音效，搞得其他客人一從電梯出來就聽到了！看A片還想看夠本，一進去就開頻道，看到睡覺也不願意關，女友睡夢中都還聽到女優鬼叫的聲音，不知今夕是何夕？

HOTEL的鏡子總是又大片又明亮，很多女生很喜歡照鏡子做愛，對她們而言，到HOTEL最大的喜悅就是從頭到腳觀看鏡中的自己，這卻讓許多男人很不能體諒，甚至很想把

女友的頭扭回來說：「妳照夠沒？看我啊妳！」只能說，HOTEL不是天天去，男女都有各自嘗鮮的方式。

　　如果去過夜，通常都會希望睡到自然醒，睡到櫃臺打電話MORNING CALL。女人認為最甜蜜的早晨，應該就是被情人吻醒，再來戰個一回；最討厭的就是電話響到快燒起來了，一旁的男人卻好像事不關己，把枕頭蒙住頭，翻過身繼續睡。鳥來伯建議，男人最好能主動伸手去接，這會讓女人有一種「我家有男人」的莫名安全感。但男人接完電話後，千萬不要粗魯地把女人搖醒，用一種歐巴桑的語氣說：「快點起來啦，櫃臺說多十分鐘加三百耶，快點啦！」真令人不耐，到底在催什麼？省什麼？感覺真是很糟！

　　小氣男人去HOTEL常會醜態百出，有個女性朋友，週末去住HOTEL，好不容易第二天不必上班，睡得正香甜，貪小便宜的男友竟然八點不到就把她挖起來，硬是要把附贈的早餐券用掉，才肯放她去睡；看到按摩浴缸，硬要泡澡泡到皮膚金蟬脫殼才感覺回本；為了省冷氣電費而跑去HOTEL過夜，冷氣開到最強吹一整晚，吹到流鼻涕感冒也開心；連要離開房間時，也跟十幾年前的觀光客一樣，鞋把、牙刷、梳子、肥皂、原子筆、雜誌、MEMO紙、咖啡沖泡包⋯⋯通通都幹走，沒見過世面，真的很難撐起男子漢的面子。超級鐵公雞的人，還要跟女人平分住房費，真是笑死人了。（男人省這種錢，聽說會衰十年喔！）

只休息三小時的情侶，必須把握時間，所以時間得用在刀口上。有的男人一整個很急，一進門就把女人的胸罩、丁字褲、絲襪、高跟鞋……一路扒光，東西扔得滿屋子都是，最後要找時，另一隻絲襪都不知道飛到哪裡去了，女人則在心中感嘆：「這麼趕著做愛，還不是只來一次而已……」有些情人喜歡買宵夜回去房間裡吃，仗著房間有清潔人員收拾，塑膠袋便當盒隨便擺，讓油汁流得到處都是，甚至把地毯都弄髒了，這麼沒公德心，叫清潔阿嫂怎樣善後呢？

HOTEL的衛生狀況也是女人非常顧慮的，通常女人都不喜歡身體接觸到抱枕、八爪椅之類比較難清洗的地方，「雖然有噴消毒水，但還是覺得髒，誰知道上面殘留了啥東西？」女人就是會對清潔這種東西多一分擔憂，如果覺得不玩八爪椅會很虧，那就鋪條毛巾吧！

比較好笑的是，HOTEL常會有意見調查表，就有個男性朋友很認真地一格一格打勾，寫下誠懇的意見，並且鼓勵HOTEL人員「要加油喔！」這都沒關係，但他最後留的竟然是女友的真實姓名和電話。女友一看到，枕頭就啪啦飛過來K他的頭，「你豬啊！是要讓全世界知道我來開房間是吧！」此男真是沒心眼到不可靠！

有個男性朋友辦完事後，用了很多衛生紙擦拭，卻也不丟進垃圾桶，一股腦塞進馬桶裡，結果馬桶就硬生生地不通

了！怎辦？他們可是要過夜的呢，只好硬著頭皮打電話請櫃臺來通，女友還得趕緊把衣服穿好，躲進棉被裡跟躲捉姦一樣，看著服務生拿著通馬桶的那根晃進來，場面詭異得讓她羞死了！

有些男人覺得家裡就可以歡愛，幹嘛浪費錢上HOTEL，其實，有時候花個小錢去HOTEL，會得到久久未見的巨大報酬。有一對夫妻婚後首度到HOTEL去，因為搞得太盡興，隔天退房時，兩人腿軟無力無法開車，只好請櫃臺幫忙叫計程車，回到家，公婆看到兩人鐵腿鐵手，快殘廢似的，還以為他們去爬山呢。

生活裡偶爾有這種「H」級的性愛經驗，你說，是不是千金難買的大感動！

性
愛
力

Part III
愛的大暴走

不順風婦產科

鳥來伯第一次上婦產科時，年紀很小。那年紀，連自己都沒低頭仔細看過呢，還要被陌生男子……

■　■　■　■　■　■

　　鳥來伯第一次上婦產科時，年紀很小。因為生理期不順，我娘就帶我去看病，請醫生幫我把「姨媽」搞好一點。不過當時尚且完璧含苞，所以無法「內診」。當我知道外面坐的那一缸看電視翻報紙、眼神呆滯的阿姨大嬸們，等一下都是要魚貫進去在男醫生面前脫褲的，心中就直發毛。那年紀，連自己都沒低頭仔細看過呢，還要被陌生男子……我懷著難以想像的心情，離開了貼滿小鬼流口水裝可愛海報的婦產科。

　　長大後，第一次看婦產科，大概25歲，老毛病，不順，那家婦產科在公司樓下，很順，有一天上班很無聊，鳥來伯手

上沒事就翹班下樓去掛號了。看診的是一位男的老醫生，看起來很慈祥的爺爺，但還不至於慈祥到讓我想把裙子翻起來給爺爺看。不過，我想我長大了，不應該彆扭，當中年護士問我要不要內診時，我勇敢且輕快地說：「好啊！」像是在回覆「晚上要不要一起吃火鍋？」般地隨和。

但是一進診間，我就後悔了。哇，好多BLING BLING的機器喔，最大台的就是那張診療椅，我放下包包準備爬上去，一個中年護士像媽媽桑一樣冷酷地說：「小姐，先脫褲子。」「啥？在這裡嗎？就在這裡……？」（沒有換衣間喔？）「對，現在。」「可是……」「我轉過去，妳脫下來褲子放這裡，好了叫我。」媽媽桑果然見過世面，人肉鹹鹹都不在乎。鳥來伯飛快地脫掉外褲，剩一條小褲，正準備摺褲子時，「內褲也脫掉！」（鬼喔……媽媽桑妳什麼時候轉頭的？）我急忙死抓著內褲問道：「內褲也脫？然後上去？」「我說，全部脫掉！」媽媽桑的語氣越來越不耐煩了。是！報告！時窮節乃見，我下半身馬上脫個精光，才堂堂登上診療椅。這時媽媽桑突然異常溫柔地說：「來，這條小被先給妳蓋，我去叫醫生。」變臉的速度之快，叫她媽媽桑也算實至名歸，我像被迫接客的小姐，光溜溜地等待恩客——醫生爺爺的臨幸。

爺爺進來了，媽媽桑隨侍在側。醫生稍微問了基本狀況，就戴上乳膠手套，一副要準備「進來」的樣子。哇嗚，好色

喔！（好啦，我承認自己是為了不要太緊張才亂想的，其實人家爺爺很專業又俐落。）媽媽桑說：「來，把腳打開。」我之前就聽說害羞的女生腳一直不敢打開，害醫生很難喬，所以我很努力地，一下子就把腳凌空打到最開，腳尖狠狠地朝天，開到角度有九十度吧（完全是男上女下之腳開開版），連保暖的小被都滑下來了，旁邊的機器也被我撞得緩緩搖晃，爺爺看我很賣力，驚嚇得說：「不用太開，稍微就好，稍微就好。腳放下來，踏在旁邊的腳架上。」喔，腿只要呈M型就好了喔，早說嘛，害人家這麼認真！

終於，最興奮又怕傷害的一刻來臨了，爺爺先用擴陰器（鴨嘴）撐開陰道，「好冰！」我叫了一下，下意識地把眼睛蒙起來，像看鬼片，頻頻用指縫看著爺爺跟媽媽桑的表情，整個心跟下體都是吸提起來的，就差沒像初夜一樣咬棉被了。媽媽桑看我很僵直，一直說：「放鬆，放鬆。」我很畏寒，加上下體光溜溜，突然，我打了噴嚏，瞬間大腿一用力，差點夾到窩在兩腿間的爺爺的頭，說時遲那時快，醫生爺爺居然能很靈活地，迅速抬頭閃開，哇塞，好身手！爺爺有練過！我笑出來了，但是我很想補償，所以之後都很配合，還煽情地說：「醫生，你可以再進來一點，可以再進來一點！」

搞了一陣子，爺爺說：「照一下超音波。」什麼！「醫生我有懷孕嗎？為何要照超音波？」「只是檢查內部，不是懷

孕。」「那我有懷孕嗎？」「應該沒有。」「那我可能懷孕嗎？」「如果妳覺得有可能，等一下幫妳驗孕。」醫師抹了更涼的凝膠在我肚子上，一陣雞皮疙瘩，今天就是要把人家冷死就對了！超音波的感應器壓在下腹部，不知為何我放了幾聲強強滾的屁，哎喲好糗。螢幕上看到了子宮，我突然想起來了：「啊，不用麻煩了，我不用驗孕，我已經半年……已經半年……」「沒有性行為？」BINGO！爺爺，你很冰雪耶！都知道人家沒行情，嗯～～討厭啦！但是爺爺後來還是有幫我驗孕，老人家總是很謹慎確認（嗯哼哼哈哈哈哈，失望了吧，失望了吧，就說沒有嘛！）

後來換了公司，鳥來伯還是會大老遠跑回去看診，就是犯賤愛每半年去看媽媽桑那「過盡千腿皆不是」的表情，以及她冷酷表情上偶來的體貼溫柔，還有醫生爺爺每次看診完都會叮嚀什麼該吃、什麼不該吃的關懷。他們也算是陪著少女鳥來伯邁進查某人世界的好朋友。

雖然都這麼熟了，看診時，我還是會在脫褲時有些許躊躇——不過，那應該是因為當天穿的小褲褲不夠拉風而感到羞愧吧！

我愛阿弟仔

最近有一個女性朋友，正發展新戀情，據報那男人竟然是宇宙……唯一……碩果僅存的……處男！

■　■　■　■　■　■

最近有一個女性朋友，正發展新戀情，容光滿面，春情盪漾。她可是江湖人稱「重鹹一姐」，「出道」得很早，殺過的男人比殺過的小強多。最近遇到一個才大學一年級的弟弟，有一天，她喜孜孜地透露，據報，那男人竟然是宇宙……唯一……碩果僅存的……處男！

鏘！各位同學，您知道嗎，這年頭這年紀，遇到處男這種稀禽珍獸，就像遇到幼稚園同學一樣難。這麼好康的大補帖，竟然落在她身上！兩人的情事就像一陣騷風，吹擾了聲色犬馬的交友圈，大家紛紛投以羨慕的眼光，「嘖嘖，補眼睛喔！」、「月事會更順順順喔！」、「回春的速度比打脈

衝光還快喔！」畢竟大家都不是二十幾歲的人了，性生活是何等重要，萬般皆下品，唯有性愛高！可以不戀愛，豈能不做愛？她怎麼也沒料到自己縱慾多年，這回喜歡的對象居然是如假包換的處子，這可怎樣敲鑼打鼓是好？她於是小人得志了很久。

好不容易要行周公之禮了，簡直比自己處女破瓜的時候還要緊張。剛開始進旅館時，她仍是半信半疑。處男小弟親吻親得很認真，光接吻就搞了半小時，「唉，你扒光我吧！」她急死了，下體濕了又乾，乾了又濕，只聞樓梯響，不見蛇來鑽。好不容易，處男的手開始機械性地擺在襯衫扣子前面左右來回摸索，她示意可以搓揉她的葡萄乾，他就真的停止親吻，專心把玩，活像轉螺絲釘的水電工。可是，一轉就轉了快十分鐘，鐵打的乳頭也會被他轉下來吧……

等了半天，處男終於問：「嗯，我可以……脫妳的……衣服嗎……」客倌，小姐等您很久了，她禮貌地點點頭，假裝嬌羞，掩飾不耐。好笑的是，處男也只是把她的內褲前端翻下來一點點，屁股後面還包著內褲。「真的不要怕啦，可以幫人家整件脫下來啦！」唉！畢竟對方才18歲，連A片都未能參透精髓，還沒投過票，社會歷練也還不夠……能期待他懂什麼？

這中間儘管他動作笨拙，但感人的是，他的小弟弟在一進

房間時，就已經高高撐起褲襠，熱血的程度，哪是那些「鳥不起＋屌斃了」的成功企業人士可相比擬的？而且，即便性慾高張，他還是寧願信守著先親吻、後撫摸、再脫衣的基本步驟，一樣一樣來；明明已經臉紅氣喘，卻又要唯唯諾諾地，邊挑弄邊觀察她的臉色，生怕太過生澀而讓她敗興。

看到他如此中肯，她縱使有千百個抱怨，想了想，也就壓抑下來，寬容了他。她還得教他戴套，並且叮嚀：「記得喔，要把前面的空氣壓扁！」完全是本著循循善誘，百年樹人的精神來做愛的。

好不容易扳開了大腿，處男也是拐了好久還「對」不到洞；但是進去的那一剎那，她便非常敏感地察覺：「哇嗚！處男的感覺真的很不一樣耶……不太硬，會突然變小，但又逐漸變大……」尤其他身上的氣味、汗水、腋毛、肌肉，都是青春的光影，跟那些菸酒不離手的前中年男子真是大不相同。

抽送中，他雖然只是慢慢地重覆那幾個動作，有時力道控制不好，還弄疼了她；但是，好屌就是好屌，疼痛反而讓識貨的她更加讚許，「來！來！再來～～好！停！再來～～來～～」她跟幫忙人家看倒車一樣指揮著。不過，終究是第一次，大概只維持一分多鐘。對方突然就暫停動作，有點緊張又有點羞怯地呻吟了一聲，匆匆射精在套子裡了。

奇妙的是，當她抱著癱倒下的男體時，她，突‧然‧流‧淚‧了……當然，這絕對不是我們這般禽獸認為的：因為沒有高潮的悲憤難過。而是她發自內心的真心、真意、真感動！

她事後感性又噁爛地說：「那一刻，我彷彿重新回到處女的初夜，天啊，我也曾經是處女！」床上一分鐘，床下十年功，誰不是從處男處女一路爬上來的？要不要這麼多愁善感？只能說處男的威力銳不可當，能讓一代女淫魔流出真情的眼淚──也許那是欲求不滿的投射感傷，也許是潛意識得到的道德救贖。但至少活到某個年紀，能跟處子「來」一下，這種難得體驗，就算未達高潮也無憾吧！

當然，能遇到這種經驗豐富的女人，處男也要偷笑了。別人需要好多年瞎子摸象尋求技巧，他在大姊姊的調教帶領之下，必能超進度學成，不出幾個月，他們就能像楊過跟小龍女，享受飛天遁地的性愛生活。她春回大地，他屌法精進，說彼此是對方的「再造父母」也不為過啊！

萬事起頭難，淫賊不怕出身低，鄉親啊，你還記得自己的初夜嗎？如果交往的對象是處子，你該如何迎接你們的「初夜」呢？在此預祝各位，有一天也能遇到萬中選一的幼稚園同學喔！

少女的A片十問

少女情懷總是濕，她們對性事的問題都是既陽春又直接。

■　■　■　■　■　■

　　有一天，收到正在讀大二的表妹的E-mail，她問了鳥來伯一堆看A片的問題，我的回答如下……

Q1：男生為什麼會射這麼多？射出來的東西到哪去了？
A：我猜，他應該是很久沒有做了，所以會射得比較「豐富」。以後妳男友去當兵，放假回來妳就知道了。男生射很多，女生也會很有成就感，但是「多寡」絕對不是他愛不愛妳的證明。

　　射出來的東西，不是留在保險套裡，就是從陰道進入身體裡面，不然妳是以為從嘴巴出來嗎？妳要記得戴套喔，沒錢買的話，阿姐可以送妳幾盒，好過以後去「抓娃娃」。

**Q2：女生那邊為什麼這麼濕？還會發出「啾啾」的聲音，
　　我都不會。**

A：「啾啾」？虧妳形容得出來，好樣的！啾啾是因為水多
而發出的聲音。很多女人年輕時也乾得像沙漠，通常不是男
人技巧太爛，就是妳太緊張，不然就是冷氣開太強。重點
是，妳還沒長大，沒大到能夠了解自己的性需求。

　　但是阿姐跟妳說，有些啾啾是唬爛的，A片的女優會先把
小水球塞到陰道裡，男生伸手進去搞破，就會噴大水出來，
這時候就不是「啾啾啾」，而是「嘩啦啦」。但是這一招妳
不能學，因為我擔心妳的白痴男友弄不好，會上新聞頭條。
家門不需要靠妳爭光，請低調。

Q3：男生為什麼喜歡把精液射到女生臉上？

A：喔，那叫做「顏射」，是男生最喜歡的橋段之一。射精
有很多種，就像吃冰淇淋一樣，放在碗裡面用湯匙吃、用甜
筒裝舔著吃、流到手上時用嘴巴吸著吃、別人餵妳吃，都是
不一樣的快感。射到臉上，男生的爽快是心理的，就像妳衣
服裡面穿了一件新的胸罩，只有自己知道，所以妳的爽快也
是心理的。

　　記得，男生射到妳臉上時，要趕快閉眼，不然噴到眼睛會
痛。如果妳再大一點，我會建議妳用手去沾臉上的黏液，放
進嘴巴裡品嘗，但現在妳還不能學，這是「大絕招」，緊要

關頭再用就好。

Q4：女生拿跳蛋自慰，這樣真的很舒服嗎？

A：好問題！妳想聽真的還是假的？真的回答是：要死了，還真的挺舒服的（用過的人都說讚！）假的回答是：現在還不到用跳蛋的年紀，過度依賴只會讓妳終生上癮，到最後可以戒男友，卻戒不了跳蛋。爸媽說不能吸毒，就是這道理！

等妳失戀時，我再告訴妳跳蛋的更多故事跟用法好了，力氣要用在刀口上，現在還不是時候。

Q5：為什麼男生從女生背面做愛時，要抓女生的手？

A：那個姿勢，女生在前面不是跪著就是趴著，後面又被用力推送，有時候連前面的奶都會被抓，腹背受敵，很辛苦，男生當然要抓一下，不然女生會摔得狗吃屎！

比較神勇的女人，還會邊被抓、邊回頭看、邊做表情、邊淫叫，脖子痠痛，眼睛快滑到太陽穴，做完整個臉部肌肉都扭曲，騷得讓男人愛死了。

不過，會抓女生的手，這男人算是體貼了，有些男人是直接把女生按倒，要女生把屁股翹很高，臉擠在床單上，跟豬一樣醜。

Q6：為什麼這麼多女生扮成護士或老師啊？

A：「征服感」很重要！妳若是男人就會了解征服感，就像是妳去百貨公司搶折扣品，瘋狂殺紅眼的感覺。男人小時候最怕兩種人，一是護士，看到就想到針筒；一是老師，看到就想到藤條，所以，要做愛，當然要找她們囉！（想去考護校或教師執照嗎？支持妳！）

重點是，A片是拍給男人看的，男人喜歡多種口味選擇。誰喜歡在床上跟良家婦女做愛啊？多無聊。如果有機會，妳應該也會想跟金城武親親抱抱吧？

Q7：女生為什麼叫這麼大聲？有些好像在哭。

A：這就問對人了，要遇到對手才會叫的，如果不是對手，連叫都懶得叫呢！（奇怪，妳都不會叫嗎？妳男友真可憐。）我是不覺得她們有叫多大聲啦，會不會是妳的喇叭音量開太大了……

妳說「好像在哭」，哎喲，男人平日對情緒化的女人最束手無策，但在床上，演得破笑為涕，往往是男人的最愛。

Q8：有些女生會穿好奇怪的衣服或配件，做愛不是應該把衣服都脫光光嗎？

A：有時，穿著有穿著的好玩之處，穿好奇怪的衣服，有時候比不穿衣服好玩。

第一個原因是，女生身材太爛，必須用色色的衣服包住；第二個原因是，男人喜歡特殊的配件，例如絲襪、吊襪帶，最好跟妳平常的打扮不同，這樣才有新鮮感。穿久了，妳自己也會覺得很好玩，像服裝發表會一樣，穿上色不拉嘰的衣服，女生也會變得更狂野、更享受。妳也可以叫妳男友穿啊，但我怕妳HIGH不起來，反而笑場。哎喲，情趣用品這種東西，女人來玩比男人玩有趣多了！

Q9：有些姿勢好難，真的可以辦到嗎？

A：愚公都能移山了，移公當然能愚山。我是說，做愛就是要把自己當成動物，動物能做的姿勢，只要妳覺得不會扭到，都可以試試看。只要一條命在，沒有什麼是不行的！不過，適合別人的，不見得適合妳，看起來很厲害的，做起來也不見得有感覺。

　　不要把愛愛當成體操來做，也不要羨慕A片裡面的姿勢，如果光看A片就可以讓女生幸福，那看說明書就可以開飛機了！有一天當妳頓悟後，一山還有一山高 ，一屌還有一屌長，妳就會覺得，那些根本只是小CASE！

Q10：她們是在拍片嗎？真的做嗎？在這麼多人面前不會害羞嗎？

A：妳沒聽過「有錢能使鬼推磨」嗎？她們真的是在拍片，也有可能是打真軍，但是她們都很偉大，也很值得妳敬佩，

因為那是她們的工作。

　　害不害羞，那是他們的事情，我想一開始一定會的。就像妳畢業後去上班，當新鮮人一定會害羞，但過久了，妳就開始學會翹班，並且心安理得地裝病請假。這樣想想，女優都比我們敬業多了！

小女孩的慾望練習曲

鳥來伯始終相信，每一種運動都有其存在的價值，就像騎腳踏車。

■　■　■　■　■　■

騎腳踏車這種行為，很容易與女人自慰產生連結。

年輕時不懂為何會有「修女愛騎沒有坐墊的腳踏車」的笑話，慢慢長大後，才開始崇拜起那位修女——知道怎樣讓自己光是「坐著」，就能上坡下坡一路高潮，還可以減肥。（好歹鳥來伯也是從小就受洗的天主教徒，以前怎麼都不能領略「單車修女」的樂趣……）

不知道女生第一次發現撫摸自己會感到愉悅，是什麼時候呢？該不會是真正肌膚相親的時候吧？這未免也太太太太晚熟了點！

說到這，就不得不佩服男人了，小男生彷彿都是在某個機緣下，摸著摸著就把小花生變成大香蕉，就算沒變大也不要緊，男生總能從摸了一把又一把裡，隔山隔褲得到樂趣。要是我是男生，可以把身體的某部分變長變短，那我也要每天把玩個幾次才過癮；不像女生，從小就被告誡「不能亂摸那邊喔，會發炎！」跟傳家寶一樣地呵護著妹妹，神聖羅馬個半死，青春期一到就被警告，出去玩要小心。搞到後來，連怎樣碰、碰哪裡、碰多久、碰了會怎樣？可能都不知道。

　　雖然大人有其道理與限制，還是有很多小女生有靈光乍現的那一刻，可能是在陰部碰觸到什麼東西時，突然感到一陣觸電，有種想尿尿的感覺，可是當時卻不知道原來那種感覺，就是此生性愛尋尋覓覓的神祕東西啊～～啊～～啊～～（流淚撲倒……）

　　早熟敏感點的女孩，小時候睡覺什麼洋娃娃隨便往胯下一夾，就發現自己突然爽快了，於是很有遠見地，持續抓著洋娃娃的頭前後摩擦，在小床上一整個身心開闊後，才開始看故事書、玩玩具，做點小朋友應該做的事情，從小就很有「為自己活」的主見。有一種吹氣的不倒翁人型玩偶，鬍子一把樣子像男人，壓下去會蹦啾地回彈上來，力道與彈性皆完美十足，高度也像個小男童，絕對擬真，非常建議買給家裡的小女娃當生日禮物，給她認識身體使用。

小女生DIY，雖然身體舒暢，心中卻藏著罪惡感，不敢跟誰分享，媽媽姊姊或許連自己的情慾都搞不定了咧，誰管妳啊！加上健康教育課本上，也只是蜻蜓點水地介紹男生的自慰，「那女孩咧？」空白一片。所以，女生在這一點上真的挺貧瘠，萬事總要摸黑著幹。

　　長大一點，為了自我情慾，常常會有許多充滿創意的自慰法，不敢操作情趣玩具的女人，會使用最普遍的蓮蓬頭爆沖法，直闖玉門關，感受水柱與水溫變化的魔力；鳥來伯對此方法敬謝不敏，原因在於奴家的爛熱水器，水溫時常忽冷忽熱，萬一瞬間來個燙傷或冰鎮，在浴室裡還沒爽到，就中猴似地哇哇大叫竄逃出來了。

　　有個同事練瑜珈，有一天練習到一種「剪刀腳」的招式——雙腿騰空、左右交叉的動作。外陰部交互揉搓後，突然刺激到花心，讓她下體舒坦了起來，於是一整個下午持續地做著「剪刀腳」動作，濕了內褲，也軟了全身。慾望的大門一開，下半場馬上就CALL男友回來，齊練雙人瑜珈。

　　有些OL喜歡翹二郎腿，翹出訣竅後，肌肉一緊繃，花蒂一擠壓，小高潮即刻來；尤其在煩悶的會議上，討厭的主管正為了業績報表絮絮叨叨，底下的OL頻頻點頭稱是，臉上看似誠懇，兩條腿則開始做起「夾、鬆！夾、鬆！」的運動，不一會兒，不為人知的歡樂蜜汁，就「來了來了，從山坡上靜

靜地流出來了」。敵明你暗，差點要脫掉高跟鞋，在會議桌下用腳掌撫弄男同事下體了，自慰的快感莫過於如此。

鳥來伯還聽過，用電動牙刷包上衛生紙，輕輕騷刮著外陰，讓人忘記了原本是要刷牙的，連上班都遲了；有人搭乘長途客運或飛機時，會把外套蓋在身上，手在底下探摸著，上半身輕鬆自得，遠觀窗外山水雲氣，與鄰座交談互換零食水果，但下半身已然「作大水」，十足演技派，只是，萬一突然遇到緊急煞車，會不小心叫出來而已……

有些陰蒂外擴突出的女人，自卑得很想整形，但姑娘請慢，這是上天給妳的恩賜，只要穿上較緊的褲子爬樓梯，一扭一扭，摩摩挲挲，就能比一般女人還快登上雲端，有此方便殊榮，何必整形？還不快跟老天爺說謝謝！

許多女人，包括鳥來伯以前，也不喜歡自己的男友自慰，怕他物威脅了自己的性愛魅力，甚至會把這樣的心態灌回自己身上，認為「自慰就是對不起男友」。但，孩子，我們其實想太多了——都幫情人做好一部分的功課了，對方應該要感激吧！

就像買衣服，有人送當然省錢，但妳總得要會自己買衣服，才知道合不合身；有人一起做愛，絕對甜蜜，但如果知道自己哪裡最舒服，再按「指」索驥，事半功倍，便省了很

多假裝高潮的力氣跟時間。能夠DIY，為大局著想，是種福氣，茫茫人海，幾人能夠？請用佛心看待！

　　不知從何時開始，全民如中邪催眠般開始瘋單車，不知是否有許多騎單車的女人，特別愛騎最顛簸的花東縱谷那一段呢？不知家中有小女孩的家長，讀了這篇，會不會非常有遠見地替她選一部單車，讓她在童年時就能培養「天助自助」的美妙嗜好呢？

射精與殺人

男人射精的樣子，有時候很像在殺人，一種款式的射精就像是一種殺人法。

■　■　■　■　■　■

　　鳥來伯覺得，男人射精的樣子，有時候很像在殺人，一種款式的射精就像是一種殺人法。

　　有些射精，像切腹自殺。

　　「啊～～喔～～哇～～呀～～」男人閉上眼睛，刀切進腹中，彷彿激動得只能用單音發聲，串不出個句子，但冰雪一點的愛人，仍能感覺他其實應該是要說：「啊（要射了）……喔（射了射）了……哇（再射了一點）……（好爽）呀！」這種「啊喔哇呀」之單音射精呼喊很常見，算是國民射精法，沒什麼特別。

有些射精，像被暗殺。

一陣猛爽地快抽後，男人突然不說話了，如同被暗器砍到腦門一樣，只用氣聲微顫顫地：「呃⋯⋯」就馬上癱倒在女人身上，像是七孔流血的屍體，沒了呼吸，不知情的女生，還以為他「馬上瘋」了咧。但要是遇到有默契的女人，看到他大叫後，突然安靜了下來，便知道他大概要射了，不是趕快將嘴巴湊上去接著，就是迅速捏緊他的乳頭或蛋蛋，好讓他順利高潮再高潮，非常貼心。

有些射精，像冤殺。

好像跟他做愛的女人是來找他尋仇一樣，快射時，男人眼睛睜得跟瞳鈴一樣大，雙手還不住地在空中揮舞，或是死抓著女人的肩膀，猛搖硬甩地，「妳⋯⋯我⋯⋯喔不⋯⋯不⋯⋯」那表情像是不敢相信對方會殺他，或是自己沉冤未雪，不能就這樣射了！有些男人會做足表情，臉上盡是疑問與遺憾。男人說：「這樣做是想要忍住，再撐一下晚點射⋯⋯」女人卻覺得：「先生，你想射就射了吧，表情這麼多幹啥呢？」但是看到男人為了多撐一下子，奮力演得唱說俱佳，女人還是很動容。

有些射精，像燒炭自殺。

男人越做愛，臉就越來越紅，射精那一刻，整個臉脹紅得像發燒的豬頭，如同關在屋裡燒炭般光潤，年紀大一點的男人，還會被誤以為是高血壓併發腦充血呢。如果還吊白眼，

像便秘十天未解般努力逼出，女人就想說：「老伴，要不要停一下？」這種像是用盡生命把精還諸天地的射精法，很蕩氣迴腸，不禁令人覺得：他這麼用力射，去年打飛到天上的，可能到現在都還來沒下來吧，說不定，等一下一拉弓，連衛生紙都可以射破。

有些射精，像凌遲。

這要技巧很高超的男人才會。通常男人射精時會突然地發狠快速，有時女人感受到這種速度與力道，才突然興奮起來，但是往往只是一下子，女人都快要高潮了，男人竟然就停住動作，射了，這往往讓欲求不滿的女人很含恨！但是會「凌遲射精」的男人，要射不射，明明衝刺地像是快射了，卻又在關鍵時刻拔刀出來，讓女人覺得很驚喜，微微抬頭一看：「喔，沒有要停喔，那我繼續呻吟了……」男人再度快速地磨進磨出，等到底下的女人終於高潮後，他才真正泉源洩出。過程中，心靈凌遲的淫樂，往往更勝於肉體！

有些射精，像虐殺。

這是最讓人髮指的射精，但又是最官能、最A的。顏射是其中一種，虐殺程度可讓女人花了妝、噴瞎眼、隱形眼鏡模糊全毀、角膜紅腫不知怎麼跟眼科醫生說、頭髮沾黏至風乾了，像頭皮屑黏著，或射到鼻孔讓人直打噴嚏，鼻毛凝結成塊，令女人不勝「唏噓」！有時候射在身上的味道，一定得洗澡才洗得掉，這種精液的濃稠程度，假使不小心吃下去，

也應該會卡痰吧！

有些射精，像殺人未遂。

男人快要射精了，拔出來時，卻一直被女生拒絕。例如問：「可以射胸部嗎？」女生搖頭。「可以射臉嗎？」女生又搖頭。「可以射嘴巴嗎？」女生再度搖頭。最後只好再把屌放回女生陰部，說：「可以射裡面嗎？」女生還是搖頭。苦情男人只好抽出來，拔劍四顧心茫茫，最後射在床單上，好像自己怎麼做都錯一樣，真是很苦情的射精啊！

但以上那些射精的殺法，都好過「安樂死射精」。

男人要射的時候，無感無覺、無憂無慮、無喜無樂，就這樣悄悄地，悄悄地，從前列腺滑了出來，這有一點像「先斬後奏射精」──射了才說！但「安樂死射精」又比「先斬後奏射精」更加飄渺，女友完全感覺不到那種「我要來了喔！」的激動與喜悅，也來不及配合假HIGH，整場愛愛就停留在一種「形同虛射」的問號上。最後，還是男生突然被自己滑到大腿上的精液「冷」醒了，才恍若隔世地說：「喂，原來我射了喔……」

聽男人說，面對不同的女人，就會出現不同的射精法，鳥來伯不禁想到，就像女人的叫床，媚惑程度也會因對象而異。喔，原來大家都不是「一招半式闖江湖」的生手草包呢！不管是切腹、冤殺、暗殺、燒炭、凌遲、虐殺、殺人未

遂、安樂死，或是先斬後奏，男人的一次射精，女人的一聲
春吟，或許都包藏著對眼前這位情人更多的愛與不愛吧……

把妹與達人

當我聽到「把妹達人」這口號出現時，我真的覺得：當女人真幸福！

■　■　■　■　■　■

　　這年頭，什麼鬼東西冠上「達人」，就變得專業了；什麼男人聽見「把妹」，眼睛就閃亮了。說真的，聽到「把妹達人」這口號出現時，我真的覺得：當女人真幸福！

　　鳥來伯以前就常覺得奇怪，這世道一天到晚教女人怎樣賣騷耍溫柔，怎樣把男人玩弄於股掌，把女人磨得一個比一個銳利萬分，性愛上也越來越厲害，PUB裡殺人的狠咖全是女人；抽事後菸、隔天先閃、再見不聯絡的，也多是女人。在女人越來越清楚怎樣談感情的同時，男人相形之下就遜多了。鳥來伯有時候還真懷念以前那男追女跑的原始春情年代啊！

直到「把妹達人」這詞出現，人肉市場才又出現了久違的一道彩虹。不知道是不是傳統社會的關係，大家總喜歡把受歡迎的「把妹、把MAN達人」逼到牆角，一邊羨慕個半死，一邊咒罵敗壞善良風俗，說到底就是一種見不得人家好的酸味心態。

　　許多男人對於「把妹達人」是又愛又恨，就像女人對於「殺男萬人迷」的觀感：男人追不到美女就罵人家是「淫婦」，其實骨子裡超想摟進懷裡溫暖一下；女人看到把妹達人追走了自己的姊妹，不免假惺惺勸退，但如果他追的是自己，這賊婆娘當下一定是樂淘淘醺醺然。

　　何必咧！大家出來江湖走跳，戀愛一定是要你情我願，開開心心。既然有冰淇淋吃，幹嘛只喝冰水呢？把妹達人的出現，就是來讓女人感到戀愛幸福的，尤其在性愛上更有「被騙依舊有高潮」的共榮感！當然，把妹達人絕對不是來騙人上床的，難道女人這麼容易被騙嗎？達人只是擁有一種「感恩再來」的永續經營魅力罷了！

　　鳥來伯真心認為，人要戀愛，要做愛，就是得自強不息，比起那些不把追女仔或是磨練性技當終生事業來看的男人，把妹達人對情人細心貼心，把情人當藝術品來寵來呵護的態度，更讓人感佩！

在性愛上，把妹達人除了要知道各大HOTEL的優劣點，了解情人喜歡的保險套品牌之外，還要能理解女人做愛後喜歡神經兮兮發問「愛我不愛？」，體諒女人喜歡把過往情事描述成髮指的韓劇日劇；遇到武則天他便奉上皮鞭，遇到林黛玉他會慢慢把對方的口紅吃掉；他不會把情人強壓到胯下，也不會帶著臭腳丫上床，更不會射完就天人永隔，倒頭睡死。把妹達人知道做愛前中後一切程序，他會摸摸情人的頭髮，即使心中想著明天得賣掉哪支股票——這不是欺騙，這是敬業樂群！

有女生認為把妹達人不真誠，鳥來伯卻覺得那是一種刻板印象。有心把「把妹」當成一個學問來研究，就很了不起了；更何況，是非輕重在自己心裡，難道情人愛不愛，女人自己感覺不出來嗎？大家圖的不就是一種尊重嗎？對情人的尊重，對愛情的尊重，絕不是馬馬虎虎就可以出來闖蕩的，難道妳希望眼前的追求者不把妳當一回事嗎？怎樣都得先練一下，是吧？

鳥來伯很樂見坊間出版了許多「把妹」系列的書，不僅男人要買，女人也該買本「把妹書」來看看，男人是怎樣用一招半式偷心偷身，知己知彼百戰百勝，悟出個「把妹破解版」，也是不錯啊，省那三百多塊幹啥，一餐飯錢就可以研究一缸的男人心，很划算啊！

別聽那些小鼻子小眼睛的評論，認為會「把妹」的就是花心大蘿蔔，人可以「享受被把」，但不一定要「被把走」；可以「被把走」，但不一定要「被騙走」——有時候光是欣賞把妹達人的取悅技巧，我們的人生就夠精采過癮了！

滑鼠與男人

你是每天接觸滑鼠的電腦族嗎?你喜歡用哪種滑鼠呢?喜歡用哪根指頭幫伴侶「CLICK」呢?

■　■　■　■　■　■

　　有沒有發現,滑鼠的構造挺像女性陰部的。用來單擊或雙擊的左右鍵,像兩瓣大陰唇,中間橢圓長形輪軸,則像陰蒂。有些女人會認為,能把滑鼠操縱得又快又好的男人,應該在「手技」方面也有過人之處。

　　鳥來伯有個女性朋友,常肖想著公司一枚工程師。此男操作滑鼠非常流暢,手指修長如貓爪,可以一邊用食指與中指夾菸,一邊用無名指飛快地點擊滑鼠左右鍵;不知道那三根手指是怎麼長的,都已經這樣忙碌,中指還能「順便」前進後退滑動中央滾輪,讓香菸、手指、滑鼠,三位一體地「CLICK!CLICK!」,性感得讓我那朋友看得裙子都快

下來了。千不該萬不該的是，當他剛洗完手，濕淋淋地握住滑鼠，手指頭在滑鼠上發出「啪噠……啪噠……」的清脆聲響，像極了愛慾當下的潺潺流水！嘖嘖，要她該怎麼專心工作才好？她老是幻想自己是那隻被他貓爪擒服的老鼠，不找機會試試看「貓抓老鼠」的快感，實在有違良心。

後來，他們終於搞上了，朋友像是準備給皇家頂級SPA按摩的女客一樣，喜孜孜地閉上眼睛，準備好好被他的手指蹂躪個痛快。但也不知道為何，不過是把滑鼠換到了私處，工程師的手指卻僵硬如材。「你揉啊你！你捏啊你！」她在心中期待著，但是對方的手指不知怎麼就是不會飛動了，「如果手指也會中風，大概就像那樣吧！」一整場，摳得她不痛不癢的，「別跟我客氣，不用太禮貌！」她在心裡拿著開山刀嘶吼著。她不懂，不過換個物件，怎麼工程師的彈指神功全廢了？「我還能指望他施展邊拿菸邊玩的那招嗎？他連在『底下』比個1、2、3都不會！」

鳥來伯因為用不慣傳統滑鼠，所以一直使用某廠牌的「軌跡球滑鼠」。它是把傳統滑鼠的中央輪軸部位改成一顆大球，可以兩三隻手指很豪邁地推著那顆球上下左右360度滑動，左右鍵則是照常點擊。那顆球的模樣爆大，激突出來類似蒼蠅眼，又噁爛又嚇人的；當我在咖啡館裡，手指伏著那大顆球體上網時，常幻想自己是氣魄干雲的武則天，邊轉動手上的兩粒龍珠，邊抬頭「天地童子下山來點名」，看看周

圍有沒有稱頭的男人，一副在滿朝文武官裡欽點今日寵幸男臣的架式。

筆記型電腦的內建「滑鼠扭扭」也很好玩，只是外型不像一般滑鼠具有類似女性下體的外觀，太用力把「小扭扭」玩到殘也是常有的事情。有個男人，常常抱著NB去換很多次小扭扭，維修率之高，搞得店家都覺得「你該換的其實是手指」。但女人反而會覺得他的「揉功」很定很到位，因為NB小扭扭要用得順手，是比傳統滑鼠更需要訣竅，有點像揉壓桌上的螞蟻，要讓牠欲死還留，要死不死，整個蟻體朝天翻，但還可以爬行蠕動的力度——這應該就是按摩女人的絕佳力道吧！

在此建議男人：手技不好，可以用滑鼠來訓練。不知道有沒有那種一CLICK，網頁就發出「哦……哦……」短促呻吟聲的性愛教學滑鼠，或是隨著長軌跡滑動，變換成「喔～～喔～～」這種悠長綿延的叫聲，如此一來，上班不必靠套裝短裙辣妹露底褲，績效應該也能竄升200％吧！

乳頭與粉圓

鳥來伯每次去冰果攤,看到一碗碗晶瑩剔透的圓仔,就覺得好像五花八門的可愛乳頭……

■　■　■　■　■　■

你喜歡吃粉圓、芋圓、脆圓、湯圓或肉圓嗎?喜歡吃任何有彈性的食物嗎?喜歡它們在嘴裡咕溜或在手裡滑溜的動感嗎?

鳥來伯每次去冰店,看到一碗碗晶瑩剔透的圓仔,就覺得好像五花八門的可愛乳頭。大多數女人的乳頭都是小而黑,有點像珍珠粉圓,兩顆透亮透亮地顛蕩在乳暈上,像淚眼汪汪地直盯著男人。有些乳頭則是加大版,屬於比較大粒的波霸粉圓,有的男人也愛得不得了;可是這種粉圓要嚼比較久,有時候煮得太綿爛又會沒嚼頭,不像珍珠粉圓可以瞬間滑進喉嚨裡。

有個女性朋友說，有一次在路上看到有個帥哥在吸珍珠奶茶，粉圓在透明吸管裡上上下下地快速滑動，她幻想到男友靈巧的舌尖也在乳頭上打轉，在那一瞬間，她的乳頭突然翹起來，差點衝出胸罩！隨著男人手上那杯飲料被喝光，剩下幾粒粉圓在杯底躁動，跟著吸管發出嘰嘰哼哼的聲音，她還心神蕩漾地在心裡直喊著：「不要……不要……」

　　至於紅色小湯圓，絕對是男人夢寐以求的極品，光視覺上就值回票價，女明星想故意露點被偷拍，乳頭效果一定要是粉紅色的，這樣才有竄紅的潛力，才有處女感！不過鳥來伯覺得，乳頭顏色是天生、是緣分，自然就好，許多女人為了變成粉紅小湯圓，狂擦乳暈漂白霜，卻因為色素漂白而發炎變紅腫，真令人無限同情與佩服，人跟乳頭都很拚！讚！

　　鳥來伯有一年去日本泡溫泉，才觀察到有些女人乳頭很長，大概有一指節長吧，鳥來伯超羨慕！聽男人說，咬起來口感Q韌很像脆圓，「因為長，所以比較有咬到的感覺。」男人吸吮的動作想必特別激情，可以含著，稍微前後小拉弓，來回前進，有點像在吃披薩上的起司，扯啊拉地絲絲入扣，再加上乳暈上泛起的雞皮疙瘩，更是扣人心弦。如果脆圓乳頭穿乳環，一定很有發展性，可掛上晶亮燦爛的飾品，真好；使用「乳頭夾」也比較夾得住，不像一般乳頭，乳頭夾上去晃沒兩下就掉下來，一整場都在撿乳夾就夠了。

有個短乳頭的女性朋友買了乳頭鈴鐺，但乳頭不爭氣，怎樣就是就夾不住，她也很堅持：「買了就要有效果！」既然夾不到，她老娘就把乳頭鈴鐺「拎」在胸口當裝飾用，還逼男人「快看啊！快看啊！有沒有聽到？有鈴聲喔！」真的有把做愛情趣當一回正事來研究，加分！如果她有一副脆圓長乳頭，以這般情深意重，要吊貓吊狗吊千斤頂，也絕對不是問題。

　　有些乳頭像芋圓，略大而方圓而暗紫，大多是婦女專屬。更上年紀一點則是「肉圓乳頭」，乳頭大到延伸與乳暈合而為一，在溫泉區看到日本歐巴桑的肉圓乳頭，真令人動容，有一種「向慈祥老奶奶致敬」的崇高感！很殺戀母情節的男人。

　　其實，不管是哪一種圓仔花，都會因為性愛綻放出的乳頭魅力，而讓「使用者」心生憐惜，一鍋配一蓋，一乳配一口，管它什麼形狀口感顏色，只要對自己的圓仔花有信心，女人就能「圓」起不滅，征服每一張挑剔的嘴！

不怕小孩問，就怕大人掰

有人說，戀愛中的人，說的話往往是甜蜜卻又刺耳的，但死小孩問的問題，才更讓人噴血。

■ ■ ■ ■ ■ ■

相信大家小時候，都對父母親關起門到底在搞什麼飛機，感到非常好奇。

起初只是想偷聽大人說話，例如：「暑假要帶孩子去哪裡哪裡玩……」之類的，但是說著說著，聲音就停止了，取而代之的，是床鋪搖晃的聲音。小孩於是想從鑰匙孔中窺探，但是很黑，根本看不到，只能豎耳繼續聽。

媽媽不知道在說什麼咿咿呀呀的話（媽媽都很壓抑，就算是興奮，也只是閉著嘴哼哈一下），很快的，聲音停止了，彷彿有人從床上下來，在門口偷聽的小孩子立刻躡手躡腳，

躲回床上裝睡，心跳很快，眼睛死閉著。門開了，媽媽進了浴室，開始沖澡。「奇怪，媽媽不是洗過澡了？」接著，爸爸起床看電視，「奇怪，不是要睡覺了嗎？」大人做愛的流程，還真無聊。

長大後回想起來，「爹娘也太苦澀了吧，不叫床，哪叫做愛？！」那更不用說跟爺爺奶奶同住一個屋簷下的淒慘指數了。有些小孩很賤，故意選在這時候敲門，說：「我要拿明天的午餐錢！」真不懂事，他老爹當下一定軟屌了吧？最慘的是，還得氣定神閒地掩飾一臉春色，從門縫裡遞出50元，說：「趕快去睡覺！」打發小鬼走，但這一晚就掃興了。

有些小朋友中午放學回家，在門口發現爸媽的鞋子都在外面……「今天都沒上班嗎？」開門進去，聽見媽媽在房間裡呼天搶地，既開心又痛苦，爸爸也高調呼應。平常嚴肅的爸爸，奔放至極，實在很跳TONE。小孩因為不知道發生啥事，站在客廳不敢進去，直到大人衣不蔽體地出了房門，才尷尬地發現：「天啊，小孩回家了！」原來，是父母下午請假回家做愛（大人真的很會把握時間耶……）。小孩很緊張地問：「你們剛剛為什麼大叫？」媽媽害羞地說：「我們剛剛在打蟑螂……」（是打大炮吧！）小孩繼續問：「那為什麼不穿衣服？蟑螂把衣服咬破了嗎？」只能說這個孩兒很會幫大人找台階下，將來一定有出息。

其實有這種經驗的小孩很多，到了學校，還會互相分享。有的說：「我爸媽很厲害，睡覺不穿衣服，都不怕冷喔！」有的說：「我把拔會壓在我馬麻身上，但是他好胖！」另一個則說：「我馬麻是不穿衣服坐在我把拔身上的。」讓導師聽了，差點去進行家庭訪問。

小時候不認識什麼字，但是在家裡不知道怎樣翻找到A書（大概是爸爸藏的），上面只看的懂「口交」這種筆劃少的國字，「潮吹」的「潮」還是去查字典的（很好學）。在放學的公車上，一群小孩不顧其他大人在場，童言童語地大聲討論，自認得意地找出結論：「口交就是聊天的意思啦！」「那潮吹呢？」「潮吹是去海邊吹風。」「啊哈！我上個禮拜有跟我把拔去潮吹！」讓司機聽了，差點撞上安全島。

有的小孩很納悶，不知道媽媽為什麼要常常燉「雞蛋蛋」（雞睪丸）給爸爸吃，問：「雞蛋蛋是雞的哪裡？」媽媽說：「是雞很貴的地方！」長大後，自己在外花錢吃飯，知道雞睪丸不便宜，於是很感動，原來媽媽是很愛爸爸的，為了爸爸晚上生猛，她可是貼了很多家用金買補品！

有小孩看到媽媽把報紙的健康報導放在爸爸桌上，還用紅筆劃線：「抽菸易導致不舉。」小孩於是拿著報紙問爸爸：「什麼是不舉？」爸爸還凹：「呃，是……是……啊不舉就是，早上起床賴床。所以你長大不能抽菸喔，會賴床！」結

果之後家族掃墓，有親戚遲到，小孩就對晚來的親戚大叫：「你不舉！你不舉，哈哈哈！」你說，這列祖列宗該怎麼辦才好？

雖然，為人父母必須跟小孩奮戰搏腦力很辛苦，但是，現世報來得很快，曾經我們有什麼疑問，現在他們也會有。別以為我們可以跟我們父母一樣，隨便呼嚨小孩。

他們要不就是很好學，問得大人趴在地上求饒；要不就是很賊，明明很懂，卻故意為難父母，甚至以看到大人驚慌失措、欲言又止的糗樣為樂。不過，既是骨肉，做父母的怎樣也得含恨說下去，重蹈我們上一代甜蜜又痛苦的覆轍！

誰來推倒我們？

以前常聽男人說：「求歡被拒」，但也不知為何，身邊最近被拒的
朋友，好像都是女性……

■　■　■　■　■　■

做愛，對於現代男人而言，好像不再是這麼棒的事情。

有個人妻朋友，在情人節前事先訂好了HOTEL，準備浪
漫一晚，怎知她老公卻非常厭倦與反對，叫她把房間退掉，
並塞給她五千元，要她「跟朋友出去隨便玩都可以」，只要
別叫他打開她的大腿就好，他只想自己在家「安安靜靜地看
書」。這種打發法，讓我那美艷的人妻朋友非常不能平衡，
只好整天迷戀網路購物，買到快剁掉手指還在下標，以彌補
性愛上的那一大片空虛。

鳥來伯原本以為這只是特例，後來聽到好多熟女抱怨，男

人恐懼做愛的顛倒現象，好像越來越氾濫了，聽說在60-65年次的世代特別明顯，彷彿是一種魔咒，做愛體力不繼的現象也多過於其他年齡層，甚至連四十幾歲的大叔大伯都比他們強！

朋友說，這些六年級的男人，比其他年紀的男人更容易將自己的勃起不力、衝刺不繼現象歸咎在女人身上；再老一點的男人就不會，大概是感到年華老去，有得吃就珍惜著吃，所以就算生理無法滿足，心理也會讓女友爽然歸去，這也是「老男人」一直能夠稱霸江湖的原因；年紀再小一點的就更不用說了，讓熟女快樂，本來就是一種榮譽加身，阿弟仔能給姐姐的，除了腰力就是腿力，說什麼也要讓姐姐軟骨。

當然，這種講法見仁見智，跟世代有啥關係呢，或許每個人都有自己的愛愛方法吧！如今，鳥來伯也進入了「輕熟女時期」，回顧這幾年寫的專欄，真的有進化到「見山是山」的感動，目前的心態，應該是介於「少年仔的大魚大肉」與「銀髮族的青菜蘿蔔」之間。以前年輕時，被問到「妳喜歡做愛嗎？」總會覺得性愛是可有可無的肯定與揮霍，想要就來啊，反正閒著也是閒著；但最近，真心地覺得「性」與「愛」對一個女人來說，真的太重要了。

就像「保養」，一旦擦了面霜，就要持續，有沒有認真保養，有沒有半途而廢，有慧根的人都看得出來！並不是說，

一定非得變成需索無度的「慾女」才行，而是我們開始肯定：好的性愛會讓女人回春美麗，一場轟轟烈烈的性愛有時候比一個打折的名牌包還能令女人忘掉煩憂；高潮過後，也不再是腦筋空白，眼神呆滯的蠢樣，而是有種「我現在要出征」的神清氣爽！尤其在這男人畏懼做愛的年代，像羅曼史小說寫的那樣，被男人推倒在床，看到他強勢地解開皮帶頭、脫掉褲子，實在有種復古的過癮！

天啊，我們已經到了狼虎之年了嗎？乳暈要變黑了嗎？陰部漸漸鬆弛了嗎？朋友們開始神聖地認為「SEX IS POWER」，有人慎重地將HOTEL地圖以及性愛網站的網頁加入「我的最愛」裡，還有人在辦公室藏了性感睡衣與吊襪帶，以備男友的「臨時通告」……。

以前聽到女權人士說：「女人要情慾自主，就得學會使用按摩棒。」都覺得太偏激太瞎了吧，現在想來，有個「喜歡做愛」或是「讓人想與他做愛」的情人，真的是幸福且難得。但是命運捉弄人，性與愛，似乎常常事與願違；所以，學會從情趣玩具中得到高潮，應該是下一個階段的我們，應該要修的性愛學分之一吧。

雖然許多人都說：這是個「不性」的社會，雖然男女都高喊：「誰來推倒我們？」雖然找到戀愛與做愛的對手，是種緣分。但是，當一天和尚撞一天鐘，許多時刻，性愛就是得

努力撞到不行了，而對方也同意喊卡了，這才能罷手，這，就是性愛的GUTS！就是性愛的品格！

女人年輕時，怕被批評為「花瓶」、「妖孽」，慢慢老去時，卻恨不得希望自己還可以是「花瓶」與「妖孽」；男人以前怕被叫做「禽獸」，但年紀越大，卻寧可被叫「禽獸」也不要被稱「禽獸不如」！

在「推倒」與「被推」之間，誰想要莫名其妙地就老去了呢？誰不想在四肢還能動時，多累積點積分值呢？不然，我們該用什麼去回憶這些歡愛得閃閃發光的來時路呢？

書中文章部份收錄自 Esquire 雜誌、ELLE 雜誌、大辣電子報、蘋果日報、〈情戀愛神話〉專欄

含淚感謝：永遠之大辣硬援團、爸、媽、妃、妞、名、R蕾、好心地、赤兔馬、大王、阿貞、幸雯、愛小藍、東邪、蕊、開平、白爛、修桑、1688、Jean、J天使、Kirk、Noddy、James An、May、Sean、Emmie、Jemmy、Pamela、Jack、Rich、Ethan、Piyueh、Wodzie。

放鳥過來2：性愛力 ／ 鳥來伯 著；--初版. --臺北市：大辣出版：大塊文化發行，
2008.09；　面； 公分.--（dala sex；23）ISBN 978-986-6634-05-5（平裝）
1.兩性關係 2.文集
544.7　　　　　　　　　　　　97015465

性

愛

力

not only passion

not only passion